清洁能源教育
STEAM课程

STEAM COURSE OF
CLEAN ENERGY EDUCATION

史 枫 王巧玲 路 加 主编

社会科学文献出版社
SOCIAL SCIENCES ACADEMIC PRESS (CHINA)

《清洁能源 STEAM 课程》

编委会

前　言

能源关乎人类未来，在全球能源格局深刻调整、能源治理体系加速重构、新一轮能源革命蓬勃兴起的大背景下，落实《2030 年可持续发展议程》成为全球战略发展的最新走向。在这样的背景下，世界银行全球环境基金于 2013 ~ 2019 年创新性地开展“中国城市建筑节能和可再生能源项目”，旨在推广低碳宜居城市形态，提高公共建筑能源效率。

北京教育科学研究院承接了该项目中的“新能源与可再生能源教育支持项目”赠款项目。该项目由瑞景通途投资顾问（北京）有限公司参与执行，致力于在北京市各区建设 20 个新能源与可再生能源教育示范教室，提供学生体验空间、信息中心实践交流平台；开展新能源与可再生能源教育能力建设，培育百名骨干教师与一批新能源和可再生能源青少年领袖；建设新能源与可再生能源教育平台，实现大数据支持、在线传播与推广。本书作为项目成果之一，全景展现了一线教师对太阳能、风能、地热能、海洋能、生物质能、氢能、核能等主题的跨学科探索，课程设计与实施中关注真实场景构建、跨学科关联、有价值的问题设计、科学工程技术运用与文化艺术创造、社会参与服务等，体现了青少年在清洁能源科创与文创成果中的问题解决能力与创造力、责任担当与志愿精神。

在此，对如下参与学校的校长与老师一并表示感谢：中国石油大学附属小学（原北京市昌平区昌盛园小学）、北方交通大学附属中学、北京市房山区长沟中学、首都师范大学附属朝阳实验小学、北京市第六十五中学、北京市通州区潞河中学、北京市西城外国语学校、北京第一师范学校附属小学、首都师范大学附属云岗中学、北京市顺义区牛栏山第一中学、北京第二实验小学白云路分校、北京市昌平区阳坊镇中心幼儿园、北京市第九中学、北京市延庆区第七中学、北师大密云实验中学、北京门头沟区大峪第二小学、北京小学翡翠城分校、北京市房山区燕山星城小学、北京市海淀区五一小学怀柔分校。

本书包括 9 个清洁能源教育主题，主题 1、主题 2 由王姝睿撰写；主题 3、主题 4 由金诚撰写；主题 5、主题 6 由马雪姣、殷明月撰写；主题 7 由李彤撰写；主题 8 由刘屹撰写；主题 9 由袁欣撰写。

希望本书能让更多教育工作者了解到，如何通过实践让青少年成长为有情怀、有思考力、有创造力，满足未来发展需求的新一代。

王巧玲　路　加

2020 年 7 月 17 日于北京

目　录

主题 1　我们身边的能源

上图是火柴燃烧时发出的火焰，现在人们取火已经非常方便了。那么火和我们所讲述的能源有什么关系呢？我们的身边又有哪些能源呢？

自原始人懂得如何取火和利用火以后，人类对能源的开发利用就进入一个崭新的阶段，同时也为人类文明打下了一个重要的物质基础。

四五千年前，古埃及人发现在船上扯起一块布，即使人不划，船也能够“乘风”前进，这便是最早的风帆。两千多年以前，人类学会了利用流水的能量和风的能量来提水、磨面，造出了水车和风车。

钻木取火、蒸汽机的发明、核能的开发和利用，我们称之为人类历史上的三次能源革命，每一次能源革命都是推动社会生产力发展的强大动力。

最近二三百年来，世界能源结构有过两次大的转变。第一次是从18世纪开始，主要能源从木柴转向煤炭：第二次是从20世纪20年代开始，主要能源从煤炭转向石油和天然气。现在，世界能源结构正在经历着第三次大转变，即主要能源从石油和天然气逐步转向新能源和可再生能源。

由于能量可以相互转换，这为人类充分利用各种自然能源提供了有利的条件。例如，燃烧煤炭，就将它储存的化学能转化成热能，在日常生活中我们可以利用这种热能来烧饭、取暖和洗澡；也可以用它来开动机器、火车，这时是将热能转化成机械能；当然还可以利用煤炭来进行火力发电，将化学能转化成电能……

我国能源如煤炭、石油、天然气等储量相当丰富，根据国家统计局发布的《中国统计年鉴（2017）》的数据，截至2016年底，煤炭储量为2492.26亿吨，石油储量为35.01万亿吨，天然气的基础储量为54365.5亿立方米，分别占全球已探明储量的21.87%、1.45%和2.91%。但是，应该看到，由于我国人口基数庞大，以上能源的人均储量约为煤炭180吨、石油2.53吨、天然气3931立方米，均低于世界平均水平。

我国能源分布广泛，但能源种类及储量分布极不均衡，差异很大。华北、西南及西北地区是我国煤炭、水力、石油和天然气储量丰富的区域，人均占比较大。东北地区石油和天然气的储量也占有很重要的地位。

由于对石油、天然气、煤炭等能源的过量开采，我国已经面临比较严重的能源短缺问题。据估计，我国石油储量仅可维持到2020年，天然气仅能开采到2040年，煤炭至多还能用200~300年。

除上述传统一次能源外，我国太阳能、风能等可再生新能源的资源也相当丰富。其中，全国总面积 2/3 以上地区年日照时数大于 2000 小时，青藏高原、甘肃北部、宁夏北部、新疆南部等地区是太阳能资源最为丰富的地区；根据中国气象局的数据，我国可开发利用的风能储量约为 10 亿千瓦，其中陆上约为 2.5 亿千瓦、海上约为 7.5 亿千瓦，主要分布在东南沿海、三北地区、青藏高原、云贵高原、大部分山地区域。

因此，根据我国能源的现实情况，我们应当采取“开源节流”的措施，不仅要开发太阳能、地热能、核能、风能、潮汐能等新能源，而且应当树立节约能源的意识，节约使用电、燃气和燃油，为国家建设尽一份自己的力量。

学习目标：

1. 知道什么是能源，以及不同能源的种类。
2. 了解不同能源的分类方式，及其各自的优点和缺点。
3. 知道不同地区主要使用何种能源。
4. 能够与他人合作，分享各自的能源最佳实践。

芝麻开门

了解能源能使我们的生活更美好，那我们应该知道哪些能源知识呢？按照不同的分类方法，可以将能源分为以下几类。

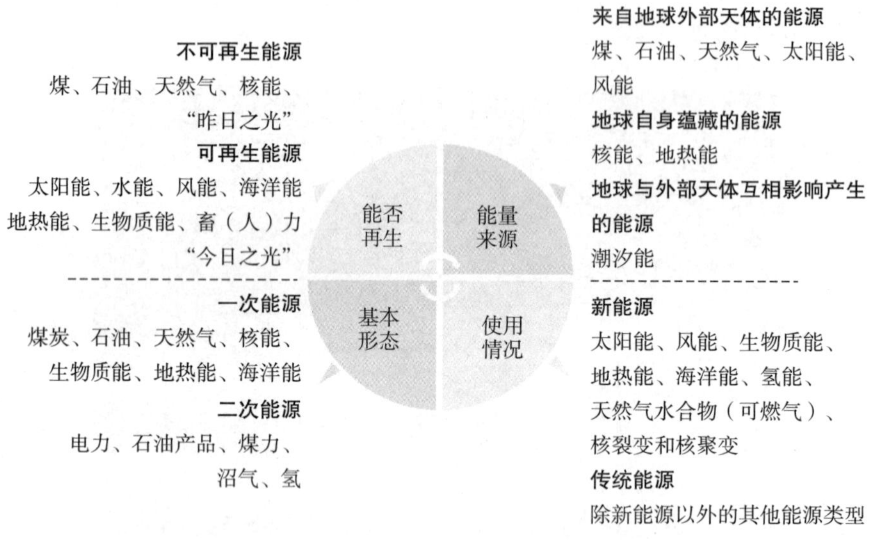

在课堂上，我们都接触过哪些能源方面的知识呢？

语文课上： 我们学过《观潮》一课：“浪潮越来越近，犹如千万匹白色战马齐头并进，浩浩荡荡地飞奔而来；那声音如同山崩地裂，好像大地都被震得颤动起来。”知道了钱塘江大潮里蕴含着巨大的能量。

英语课上： 我们知道了，energy 是能源的意思。

品社课上： 我们知道了地球是我们赖以生存的家园，但是现在它也不堪重负，人口暴增，能量资源短缺，压力越来越大……

音乐课上： 我有一个美丽的愿望，长大以后能播种太阳。播种一个就够了，会结出许多的许多的太阳，一个送给南极，一个送给北冰洋，一个挂在冬天，一个挂在晚上……

美术课上： 我们画过蓝天、大地、海洋，这些我们喜爱的自然中蕴含着大量的能源。

对于身边的能源，我们都了解什么呢？

煤炭

煤炭是古代植物被埋藏在地下，经历了复杂的生物化学和物理化学变化，逐渐形成的固体可燃性矿物。

石油

石油，是一种黏稠的、深褐色液体，被称为“工业的血液”。石油的全身都是宝，它不仅可以作为燃料，而且可以炼制优质的润滑材料，也可以制造人造橡胶、塑料、染料、医用药品、合成纤维等。即使是提炼剩下的残渣——沥青，也可以用来铺柏油马路。

天然气

天然气是存在于地下岩石储集层中以烃为主体的混合气体的统称，比重约为 0.65，比空气轻，具有无色、无味、无毒的特性。它的主要用途是作燃料，可制造炭黑、化学药品和液化石油气，用天然气生产的丙烷、丁烷是现代工业的重要原料。

太阳能

太阳能是一种利用太阳光中能量的能源，是一种新兴的可再生能源，可以用来发电。

风能

风能是因空气流动做功而产生的一种可供人类利用的能量，属于可再生能源。风能是丰富的、近乎无尽的、广泛分布的、干净的，尽可能多地使用风能能缓和温室效应。

海洋能

海洋能指一种蕴藏在海洋中的可再生能源，海洋通过各种物理过程接收、储存和散发能量，这些能量以潮汐能、波浪能、温差能、盐差能、海流能等形式存在于海洋之中。

地热能

地热能是从地壳抽取的天然热能，来自地球内部的熔岩，并以热力形式存在，是引致火山爆发及地震的能量。

随着全球对可再生能源关注度的提升，各国对可再生能源的开发更加重视。

目前非洲是使用可再生能源比例最高的地区。亚丁湾地理位置独特，索马里利用其丰富的风力资源大力发展海上风电场，同时，赤道充足的太阳能资源也是索马里发展太阳能电力的理想选择。

整体来看，当前全球各个国家都在发展可再生能源，但占比不足 1%。开发使用较多的有 15 个国家，包括巴林、沙特阿拉伯、科威特和阿曼。这些都是石油储量丰富的海湾国家，其经济主要依赖石油销售。

刚刚我们对能源有了初步的认识，下面可以从能源的分类、数量、开发、节约等方面对能源进行深入了解。

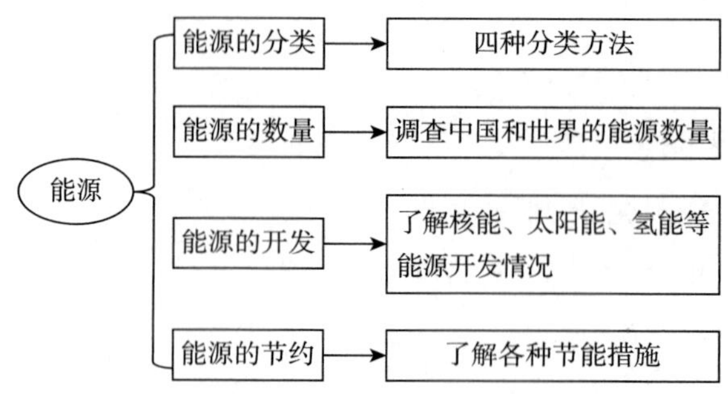

通过以上的学习，你对能源有了怎样的认识呢？请用思维导图的方式画一画你所了解的能源。

探究行动

在家用电器上，一般都会贴有中国能效标识。你知道上面的数字代表什么意思吗？记录一下自己家里的家用电器上的能效标识都是什么数字？并说一说它们表示的含义。

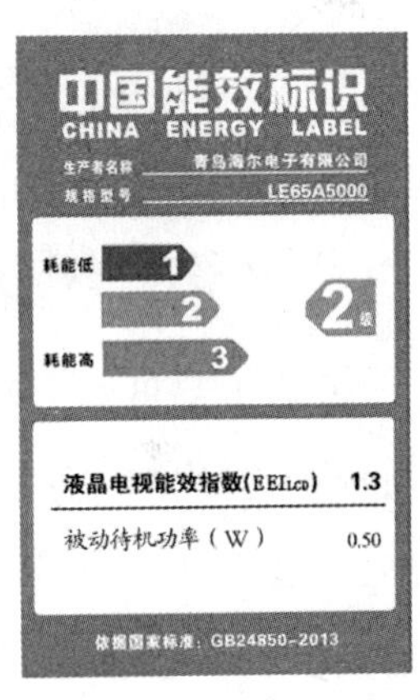

我家的家用电器能效标识

家用电器	能效标识
冰箱	
洗衣机	
空调	

续表

家用电器	能效标识

人文鉴赏

在荷兰，风车静静地竖立在地平线上，远远望去，仿佛童话世界一般，那一刻便注定你不会忘记它，它似乎总在你的脑海里吱吱地旋转。

因为地势低洼，荷兰总是面对海潮的侵蚀，生存的本能给了荷兰人以动力。他们筑坝围堤，向海争地，创造了高达9米的抽水风车，营造生息的家园。1229年，荷兰人发明了世界上第一座为人类提供动力的风车。在此之前漫长的时间里，人们采用原始的方法加工碾磨谷物，最初是手工体力操作，以后是马拉车和以水力推动的水车，之后才是借风力运转的风车。因为荷兰平坦、多风，因而风车很快便得到普及。需求迅速增加，又带动了风车技术的改造。风车的用途也不再局限于碾磨谷物，还包括把原木锯成桁条和木板，制造纸张；还从各种油料作物如亚麻籽、油菜籽中榨油；还把香料磨碎制成芥末；等等。

风给人们带来了动力，你所知道的风能，又给我们的生活提供了哪些方便呢？

创意设计

风光互补储能的创意遮阳伞就像普通的遮阳伞一样可以为你遮挡阳光，提供一个阴凉的休闲或者户外工作空间，但确切地说，这种创意遮阳伞是一个遮阳系统。它的伞顶由轻便的太阳能电池板组成，可以在遮挡炎热的同时收集太阳能并转化为电能存储起来；在不使用时，可以轻易地折叠成风叶状，还可以利用风能来进行电力储备。

这款创意遮阳伞主要可在海滩、公园以及露天咖啡馆应用。它利用太阳光、风转化而来的电能，能帮助人们给手机、笔记本电脑等小电器充电续能，既可以给人们提供全新体验，也能为环保做出自己的贡献，是一种非常好的绿色创意节能环保产品。

你能说一说，这款创意遮阳伞与普通遮阳伞的区别吗？它好在哪里？

看了这样的小创意，你受到了什么启发吗？利用太阳能或风能等其他新能源，你还能设计什么小创意产品，请写出来或画出来。

2017 年 10 月 22 日，北京首辆 18 米长的纯电动公交车驶过长安街。北京公交集团联合深圳巴士集团、重庆公交集团、贵阳公交集团、常州公交集团、合肥公交集团等 6 家公交企业共同发布 2017 年社会责任报告。报告披露，北京公交集团完成了 4281 辆新能源公交车的替换工作，新能源车辆已占到总运营车辆的 24%。

问题 1：为什么有越来越多的新能源汽车？

问题 2：你知道新能源汽车是如何工作的吗？

问题 3：你能设计一台小的新能源汽车吗？

让我们试着做一辆太阳能汽车吧！

太阳能汽车工作原理为：

①阳光照射在太阳能电池板上，将太阳能转化成电能；

②电能通过电线输送给电动机；

③电动机与汽车后轮相连，带动轮子向前转动，使汽车慢慢向前移动。

如果太阳能电池板面积足够大，功率就会足够大，会给汽车更大的动能，使汽车以更快的速度向前奔跑。

可供使用的材料：纸板、太阳能板、剪刀、马达、热熔胶、铅笔、模型车轮、吸管、电线和电烙铁等。

你的新能源汽车打算怎么做呢？请你画出设计图和操作步骤。

设计图和操作步骤：

展示交流

1. 将自己的作品拍成照片，贴在下面，并为自己的作品写上广告词。

2. 将自己的作品拍成小视频，上传到自己的空间，并将它分享给其他小伙伴。

3. 与其他小伙伴交流，自己的作品和别人的作品有什么不同？说说各自的优点和需要改进的地方。

主题 2　温暖的力量——太阳能

猜猜这两张图上画的是谁，他们在做什么呢？

左图是中国古代后羿射日的故事。相传，当时天上有十个太阳，烧得草木、庄稼枯焦，后羿为了救百姓，把天空中多余的九个太阳射了下来，从此地上气候适宜，万物得以生长，他也成为中国古代大英雄的化身。

右图画的是两小儿辩日的故事。孔子在周游列国的路上，遇到两个孩子在争辩太阳是在早晨还是中午距离人们更近的问题，孔子对此也不能做出判断。

自古以来，人们就在研究太阳，希望能够揭开太阳的秘密。但是，基本上搞清楚太阳的情况，还是近代的事情。

太阳是距离地球最近的恒星，是太阳系的中心天体。太阳系总质量的99.87%都集中在太阳这个星体上。在茫茫宇宙中，太阳只是一颗非常普通的恒星，可是太阳的热核反应频频发生，就能源源不断地以电磁波（含可见光、紫外线、红外线、无线电波、X 射线和 γ 射线）的形式向四周放射能量。

太阳辐射每年向地球输送的能量，约相当于 4 亿吨煤的能量，是地球上原子和矿物能源年消耗量的 1.5 万倍，但只占太阳表面发出的全部能量的二十亿分之一左右，太阳每时每刻都在向地球传送着光和热，它带来了日夜和季节的轮回，左右着地球冷暖的变化，为地球生命提供了能源。太阳能可以说是取之不尽、用之不竭的，又无污染，是最理想的能源。

太阳能是一种利用太阳光中能量的能源，是一种新兴的可再生能源，可以用来发电。

1954 年，美国贝尔实验室研制出世界上第一块太阳能电池，从此揭开了太阳能开发利用的新篇章。之后，太阳能开发利用技术发展很快，特别是 20 世纪 70 年代爆发的世界性的石油危机有力地促进了太阳能的开发利用。经过近半个世纪的努力，太阳能光、热利用技术及其产业异军突起，成为能源工业的一支生力军。迄今为止，太阳能的应用领域非常广泛，但最终可归结为太阳能热利用和光利用两个方面。

根据国际太阳能热利用区域分类，全世界太阳能辐射强度和日照时间最佳的区域包括北非、中东地区，美国西南部和墨西哥，南欧，澳大利亚，南美洲东、西海岸和中国西部地区等。

在中国广阔富饶的土地上，有着十分丰富的太阳能资源。青藏高原地区的太阳辐射总量最大，这里海拔高度在 4000 米以上，大气层薄而清洁，透明度好，纬度低，日照时间长。例如，素有“日光城”的拉萨市，年平均晴天为 108.5 天、阴天为 98.8 天。

学习目标：

1. 知道什么是太阳能。
2. 了解太阳能在生活中的应用。
3. 知道太阳能的热利用和光利用以及它们的原理。
4. 能够与他人合作，设计太阳能小作品，分享各自太阳能的最佳实践。

芝麻开门

为了进一步了解太阳能，想想在其他学科中，我们都已经知道了哪些关于太阳的知识呢？

科学课上：我们知道了太阳是个大火球，万物生长离不开太阳的照耀。从远古开始人类就利用太阳的能量晾晒衣服、钻木取火，现代的人们利用太阳的光和热制盐，用太阳灶在野外做饭，用太阳能热水器洗澡…… 通过实验了解到热是可以传递的……

品社课上：我们学习过简单的太阳资源及其分布：拉萨被称为日光城，具有丰富的太阳能，全年日照时长为 3000 小时，成都日照时长比拉萨少 1800 小时，上海日照时长比拉萨少 1100 小时。

语文课上：我们学过《太阳》一课："太阳会发光，会发热，是个大火球。太阳温度很高，表面温度有 6000 摄氏度，就是钢铁碰到它，也会变成汽；中心温度估计是表面温度的 3000 倍。"让我们了解到太阳的特点以及和人类的密切关系。

劳技课上：我们一起做过太阳花……

音乐课上：我们学过唱《种太阳》……

前面我们提到，很多地方都利用了太阳能，太阳能热利用和光利用是最重要的两个方面。那么，什么是太阳能的热利用和光利用呢？

1. 太阳能的热利用

通过太阳能集热器加热空气、水等介质，将收集到的热量用于人们日常生活或生产过程。

太阳能光热发电系统：太阳能直接或间接加热水产生高温、高压蒸汽，驱动汽轮机带动发电机工作，所发电力用于人们的日常生活及生产活动。

太阳能热水器

太阳能热水系统

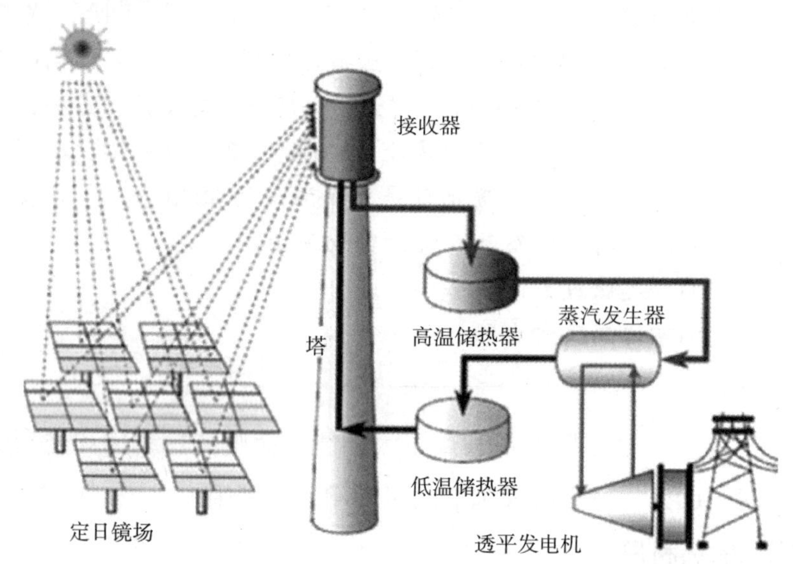

太阳能光热发电系统示意

2. 太阳能的光利用

太阳能光伏发电：阳光照射到具有光电效应的太阳能电池上，电池内部形成电压，产生像江河水一样源源不断流动的电流，将电流引出送到需要用电的地方，服务于人们日常的生活及生产活动。

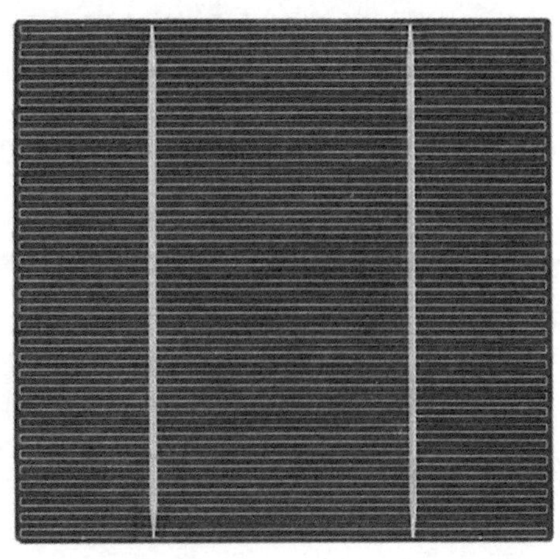

太阳能光伏发电系统

2016 年是全球光伏装机增长的一个里程碑。据德国太阳能协会发布的统计数据显示，2016 年全球光伏新增装机 70 吉瓦（GW），比 2015 年增长大约 30%，至此，全球光伏装机总量达到 300 吉瓦。在 2016 年的新增装机量中，中国贡献了 34.54 吉瓦，与 2015 年新增装机量相比，同比增长了 128%，累计装机容量 77.42 吉瓦，新增和累计装机容量均为世界第一。美国 2016 全年光伏装机 14.76 吉瓦，装机量同比增长 97%。

3. 生活中太阳能的利用

生活中太阳能的利用有哪些呢？

① ____________________

② ____________________

③ ____________________

④ ____________________

⑤ ____________________

⑥ ____________________

⑦ ____________________

⑧ ____________________

通过收集资料，将下列的思维导图进行完善，说一说你对太阳能的了解及其应用。

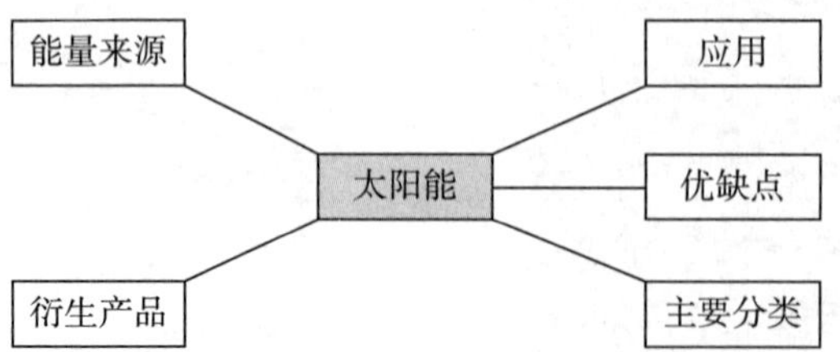

你也可以自己动手制作一张思维导图，将它画下来。

思维导图：

探究行动

你能收集太阳能吗？

我想到的方法：

____

____

____

实验步骤：

①在两个可密封的干净塑料袋中各倒入 250 毫升的水；
②测量并记录每个袋子中的水温，封好袋口。
③将其中一个袋子放到阴暗的地方，另一个放到太阳直射的地方。

每隔 10 分钟测量一下两个袋子中的水温一次，连续监测 3 次；测量并记录最终的水温。

实验结果：

水温	阴暗处	太阳直射处
第一次测量结果		
第二次测量结果		
第三次测量结果		

探究知识：

袋子中的水温是如何变化的？如何解释这一结果？

____

____

人文鉴赏

太阳能超级树

在新加坡滨海湾花园中，最引人注目的是被称为“超级树”的城市绿洲太阳能超级树。花园中共有 18 棵超级树，高度在 25~50 米，能够利用太阳能发电、收集雨水并充当附近温室的通气管道，是一道独特的景观。

为了利用太阳能发电，其中的 11 棵超级树配置了太阳能光伏发电系统，能够把太阳光转化成电能，从而为温室提供照明，并为水处理设施提供电力。

你能说说，在设计太阳能产品的时候，“超级树”给你带来了哪些启发吗？

创意设计

在梅雨季节，南方的天气潮湿，洗完的衣服总也晾不干。如果没有烘干机，晾在衣架上的衣服能不能快速晾干呢？有一位同学发明了太阳能晾衣架，很好地解决了这个问题。晾衣架上安装了太阳能板，在晴天时会利用太阳能板收集太阳能，在阴天潮湿时，就能将太阳能转化成热能，将衣服晾干。

如果让你设计一款太阳能晾衣架，你想怎么设计？除了能晾干衣服外，它还能有什么作用呢？将自己的想法写下来。

在太阳能晾衣架的结构设计上，你觉得还可以有什么改进的地方吗？将你的想法写一写、画一画，并说明设计原理。

工程产出

制作聚光式太阳能灶

要去郊游野炊，我们如何做才能身体力行地做到环保呢？根据所学的知识，能否制作一个在野外热饭的太阳能灶？灶具要求、直径不少于 80 厘米，至少在 30 分钟内使 100 毫升的水达到 50℃。

实验材料：废旧铁锅一个（大小不限）、铝箔或烟卷包装锡纸若干，铁杆、黑布、黑纸、旧棉花数斤、透明塑料薄膜、水壶、破布、大纸箱（木箱更好）、铝饭盒、小钉。

工具：剪刀、锤子、糨糊或胶水。

方法：用废铁锅制作太阳灶。将废铁锅内壁涂上糨糊，把一张张铝箔或锡纸沿锅壁顺序铺平贴好，就制成了一个锅式太阳能灶。

立三根挂水壶或铝锅的支架，使锅底正对着太阳能灶的聚焦点，每隔 20 分钟调整一下锅面对准太阳的方向。若制作太阳能灶的锅直径是 80 厘米，反射太阳光的聚焦点温度可达摄氏 300℃以上，能点燃柴草，约 30 分钟就可烧开 4 千克水。

写一份产品设计说明书。

继续探索：

· 什么因素限制了太阳热量的传递？

· 使用不同的材料会对太阳能产品产生什么样的影响？

· 太阳热量是怎样传导的？

· 地球是怎样旋转的？太阳的位置对地球的温度和热度有怎样的影响？

探究结果：

展示交流

将自己的作品拍成照片，贴在下面，并给自己的产品写上广告词。

利用太阳能转化成电能的工作原理，我们还能做些什么呢？

社会服务

2017 年 12 月 28 日，全球首段太阳能（光伏）公路亮相济南。太阳能公路，是承载式高速光伏路面，最上面一层是类似毛玻璃的半透明新型材料，摩擦系数高于传统沥青路面，在保证轮胎不打滑的同时，还拥有较高的透光率，可以让阳光穿透它，通过下面的太阳能电池把光能转换成电能，实时输送至电网，就好像一个巨大的充电宝。

太阳能公路有两个最为重要的特点：第一，太阳能装置安装在路面，不额外占用面积或者空间，极为高效地利用土地和空间资源。第二，路面有钢化玻璃或其他特殊材料，以保护太阳能电池板等发电装置。

这样的一条高速公路，在未来可以解决电动汽车在路上随时充电的问题。但是近日，有媒体报道，济南这条处于试验阶段的太阳能公路，被工程人员暂时封闭进行维修，因为在快车道上有部分破损的光伏电池。因此，这样的光伏高速公路面临着成本高、推广难的困境。

对于使用和保护这样的公路，你有什么好办法？

太阳能对于城市的建设起到了不可忽视的作用，在未来城市的建设中，你觉得还有哪些方面可以应用到太阳能？将你的想法写一写、画一画。

主题3　“无形”的力量——风能

同学们，今天我们开始研究风能。说到风，大家肯定再熟悉不过了。想想平日里广场上老爷爷放的风筝，过年时迎风啪啪作响的风车，都有风的作用。人类利用风能的历史也很久远了，让我们翻开风能的历史，一起感受这股“无形”的力量。

中国是世界上最早利用风能的国家之一。人们利用风力提水、灌溉、磨面，用风帆推动船舶前进。例如，中国的木帆船已经有两三千年的历史了。唐代已有了“长风破浪会有时，只挂云帆济沧海”的诗句，可见那时风帆船已广泛用于航运。宋代更是我国应用风车的全盛时代，当时流行的垂直轴风车，一直沿用至今。

在国外，公元前2世纪，古波斯人利用垂直轴风车碾米。10世纪，伊斯兰人用风车提水。13世纪，风车传入欧洲，14世纪风车成为欧洲不可或缺的动力。在荷兰，风车首先被用于莱茵河三角洲湖地和低湿地抽水耕地，通过改进被用于加工谷物、榨油和锯木。18世纪20年代，风力机在北美洲被用来驱动发电机发电。从1920年起，人们研究利用风车机进行大规模发电。

截至目前，能源观测组织发表的研究文献表明，到2025年，风力发电装机容量可达到7500吉瓦，全球装机产能可达16400亿千瓦，所有可再生能源发电量的总和将超过全球电能供给的 50%。按照这一结果，到 2019 年，风能和太阳能发电量有可能达到全球新建发电厂市场份额的 50%。

风能

风能是因空气流动做功而产生的一种可供人类利用的能量，属于可再生能源。空气流速越高，风能的动能越大。人们利用风车将风的动能转化为推动发电机的机械能，从而使发电机运转发电。

风能来源

地球吸收的太阳能有 1%~3% 转化为风能，总量相当于地球上所有植物通过光合作用吸收太阳能转化为化学能的 50~100 倍。

风能利用形式

随着科学技术的不断发展，人们在利用风力提水、灌溉、磨面、舂米，用风帆推动船舶前进的同时，也不断探索风力发电和风力制热的新方法。

风能的优缺点

优点：风力发电是可再生能源，很环保，很洁净。

缺点：风速不稳定，风能的转换效率低，风能利用受到地理位置的限制。

在小学科学课本上，《风级歌》以顺口溜的形式，教你依靠周围事物、现象判断风力等级，这也是人们利用风能的初步判断标准之一。

风级歌

零级烟柱直冲天；一级青烟随风偏；
二级轻风吹脸面；三级叶动红旗展；
四级风吹飞纸片；五级带叶小树摇；
六级举伞步行艰；七级迎风走不便；
八级风吹树枝断；九级屋顶飞瓦片；
十级拔树又倒屋；十一二级海上见。

请选择其中某一风级联系你的生活经验画出来。

学习目标：

1. 了解风能是自然界中一种清洁、可再生的能源。
2. 了解人类对风能的利用方式。
3. 通过对“制造风”实验的探究，探究风的形成原因。
4. 通过设计和研发风能小车，探究人们利用风力的方法。
5. 通过对风能小车的不断完善和改进，培养学生实验创新的能力。
6. 通过设计和制作风力发电装置，培养学生工程设计思维的能力。
7. 通过学生制作并体会风能应用，激发学生利用科学探究的方法研究风能的兴趣。

芝麻开门

说到风，我们可并不陌生，想想我们在什么地方学习过风？

科学课上： 我们学习了风是如何形成的，以及风力的大小。
美术课上： 我们欣赏了《狂风中的橡树》：“狂风翻滚着乌云，越过山脊、像海潮汹涌地向地面涌来……”
音乐课上： 我们聆听过班得瑞的《风的呼吸》《风的跳跃》，也尝试过用打击乐模仿风的声音……
语文课上： 我们背诵了唐代李峤的《风》：“解落三秋叶，能开二月花。过江千尺浪，入竹万竿斜。”

风对于我们如此重要，再想一想，在哪些地方利用到风？

风筝

风筝起源于中国，相传最早的风筝是由古代哲学家墨翟制造的。中国风筝问世后，很快被用于传递信息、飞跃险阻等军事需要。唐宋时期，由于造纸业的出现，风筝改由纸糊，很快传入民间，成为人们休闲娱乐的玩具。

电风扇

电风扇，指热天借以生风取凉的用具。1880 年，美国人舒乐首次将叶片直接装在电动机上，再接上电源，叶片飞速转动，阵阵凉风扑面而来，这就是世界上第一台电风扇。

自动感应高速干手机

自动感应高速干手机是理想的卫生设备，它能够带来清洁、卫生、安全、无污染的干手效果。当洗手后，将双手伸在自动感应高速干手机出风口下，其会自动送出高速暖风，将双手迅速变干。

除了上述对风的各种应用外，生活中还有哪些地方应用到风？请到生活中去探索一下，并将结果分享给同学们。

在世界各地，人们不断利用先进技术了解风能，让我们通过网络信息来进一步认识它。如果你有感兴趣的信息，可以记录在后面的空白处。

汉堡 9 月将举办国际风能展

日前，从德国汉堡国际会展中心处获悉，汉堡将在 2018 年 9 月 25 日至 28 日举办国际风能展。这一全球规模最大的专业展会，将吸引来自世界超过 40 个国家和地区的1400余家参展商，展示风能全产业链的最新产品与技术，涵盖风机、转子叶片、电子零部件、物流、安全设备、金融保险、新型材料、智慧能源等。其中，海上风能产品与技术占 40%。

****

太阳能、风能和天然气继续主导美国能源格局

2015 年，风能、天然气和太阳能是美国发电的主要来源。据美国能源信息管理局（EIA）数据，2014 年，天然气占总发电量的 44%，太阳能占 27%，风能占 26%。这种情况在 2015 年发生了较大转变。2015 年，风能占总发电量的 41%，天然气和太阳能分别占 30% 和 26%。

****

苏格兰风能发电站出新招　将漂浮大海上

2015 年，在苏格兰政府与挪威石油公司 Statoil 达成的合作协议中，一座被称为 Hywind 试点公园的海上发电站将在距离苏格兰东北海岸 25 公里左右的大海上建造。该发电站将拥有 5 台风能涡轮机，每台发电量可达 6 兆瓦。这将成为全球首座海上漂浮风能发电站，预计从 2017 年开始运营，由其产生的电量足够 2 万户人家使用。

****

捕获 600 米高空的风能

2014 年 11 月，美国波士顿一家名为 Altaero 的新公司希望成为把高空风能带到地球的先锋。2013 年，该公司在缅因州测试了一款涡轮发电机，漂浮在风速为每小时 72 公里的 150 米高空处。而在马萨诸塞州萨默维尔的 Altaero 绿城实验室，更大的漂浮式飞行涡轮（BAT）正在加紧研制。

****

标题：____

正文：____

____

____

****

原来风能离我们的生活那么近，请利用小组搜集的信息，绘制一张关于风能的思维导图，说说本组对风能的了解和应用。首先将我们之前介绍的风能信息梳理到思维导图中，再将更多的信息补充到空白处。

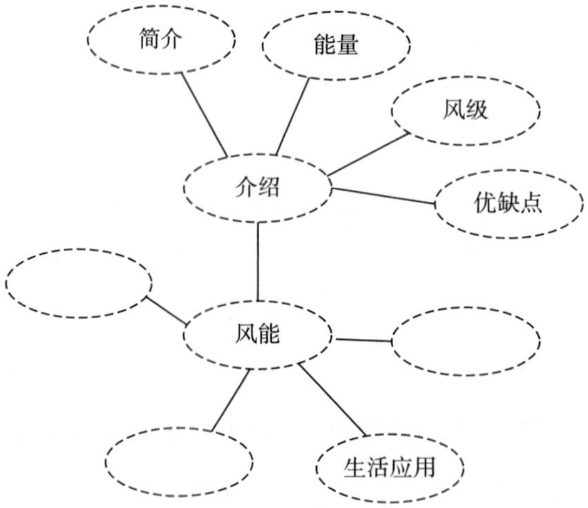

简介
能量
风级
介绍
优缺点
风能
生活应用

探究行动

右图是北京市通州区农民唐振平花费 1 万多元、耗时 90 余天研制的风力发电汽车。其依靠蓄电池或者风力发电提供动力，不用油、不用电就能跑。

网友 1：目前利用效率非常高的混合型动力车。

网友 2：车头的风扇像个“大剃须刀”，哈哈哈！

网友 3：汽车转动时给电池充电，听说还安装了惯性发电机运转。

网友 4：两三天充一次电，续航 200 多公里，超赞！！！

通过对上述新闻和网友发言的分析，你有哪些思考和问题，请记录下来。

我的思考：

我的问题：

创意设计

同学们提出了很多关于风能的问题，接下来不妨让我们从风是如何形成的这个问题开始研究风能。

1. “制造”风

实验材料：

序号	材料	数量	用途
1	普通蜡烛头	1 个	
2	棉绳	1 米	
3	A4 纸	1 张	
4	剪刀	1 把	
5	铁架台	1 个	

注：自己选择材料，并知道为什么选择它们。

实验步骤：

①用 A4 纸制作一条纸蛇，纸蛇能够螺旋展开。
②将棉线固定在铁架台上。
③将纸蛇固定在棉线下端。
④在纸蛇下端放蜡烛头，蜡烛头与纸蛇之间的距离不小于 10 厘米。
⑤点燃蜡烛，观察实验现象。

实验设计图：

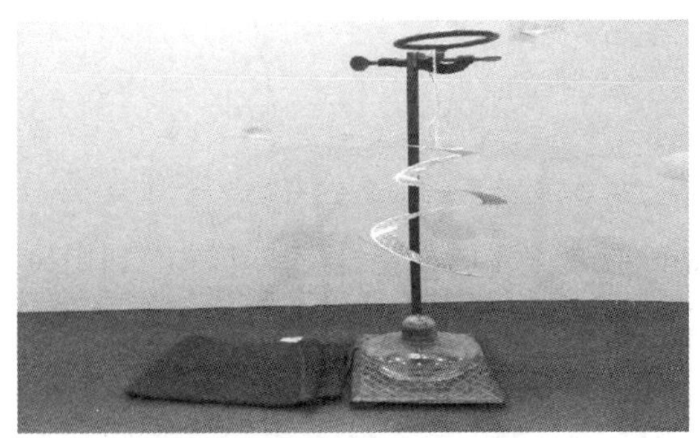

你们小组观察到什么现象：______________________________

____

通过实验，得出什么结论：______________________________

____

2. 风力发电

风能不仅可以转化成动能，人们利用现代科学技术还能将风能转化成电能。这到底是怎么做到的呢？我们不妨进行一次风能发电的研究吧。首先让我们看一看人们是如何将风能转化成电能的。

风力发电的原理是把风的动能转化为机械动能，再把机械能转化为电力动能，这就是风力发电。具体来说，是利用风力带动风车叶片旋转，再透过增速机提升旋转的速度，来促使发电机发电。

你对风力是如何发电的，还有什么问题？

工程产出

1. 风能小车

了解了风的形成，那就让我们来设计一辆小车，利用风能让小车动起来。在设计前，让我们先来看看人们都有哪些风能小车的想法和设计。

英国动力工程师理查德·简金斯设计制造了“绿鸟”风力车，在风速仅为每小时48.2公里的情况下，“绿鸟”风力车的速度竟然突破了每小时202.9公里。

德国工程师德克·吉昂和斯特凡·塞默尔研制出一款以风能为驱动的新能源汽车，并在澳大利亚惊人地完成了3000英里（约合4828公里）距离的测试旅行。

试着说说这些设计者是如何利用风能来设计汽车的？

______

______

______

这些设计与通州区农民唐振平设计的风能汽车有什么区别？

______

______

______

积累了设计的经验，看看我们风能小车的设计要求。

①小车依靠风力运动。

②小车在行驶中不能出现“翻车”现象。

③以课桌边缘为起点，安全行驶 40 厘米为合格。

看看我们都有哪些实验材料可以使用。

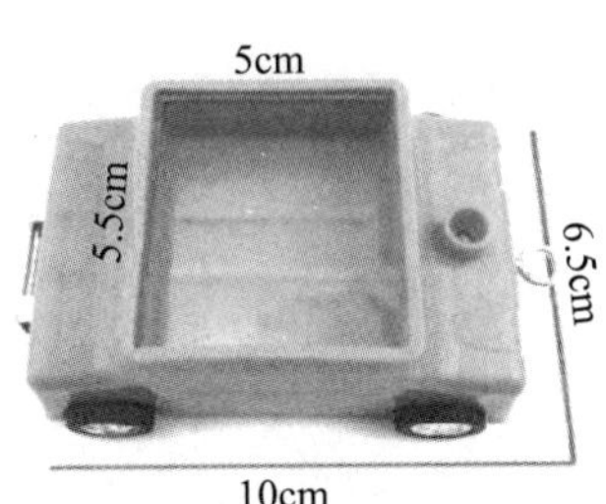

实验材料：

序号	材料	数量	用途
1	小车	一辆	
2	胶泥	3 块	
3	A4 纸	1 张	
4	吸管	3 根	
5	胶条	1 卷	

注：自己选择材料，并知道为什么选择它们。

请将本组的想法先画出草图，记录下本组的想法。

草图：

草图：

听听同学们的想法，我们要完成这个设计需要考虑哪些因素。让我们用思维导图的形式呈现出来。

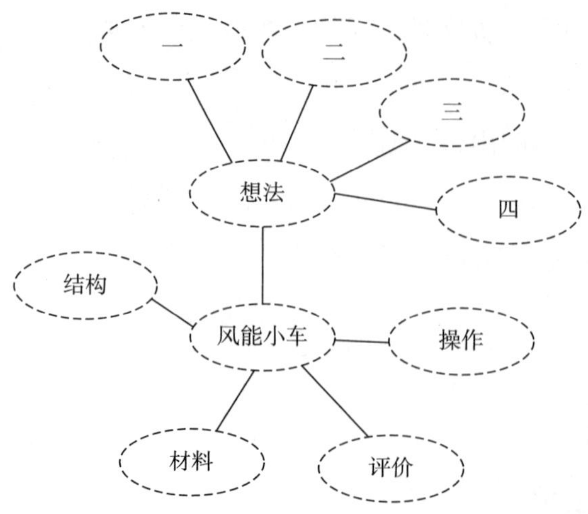

梳理同学们的想法，将本组最终的设计画出来。

设计图：

观察同学们的风能小车，说说这些设计的优点。

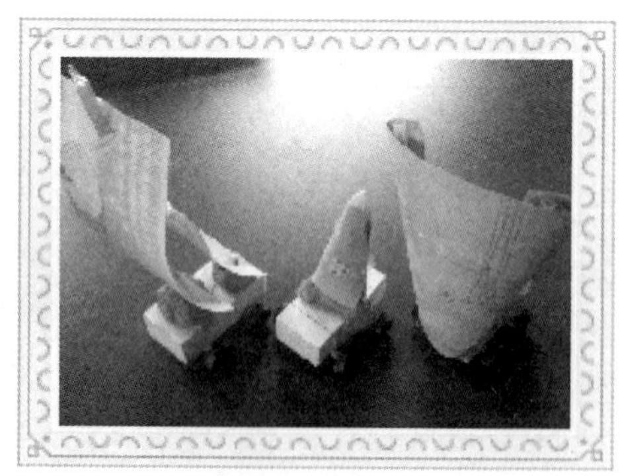

____

____

观察同学们设计的风能小车，你有什么发现？

在同学们的发现中肯定有小车的快慢问题，那什么因素影响着风能小车的速度呢？将同学讨论的结果梳理到下面的方格中。

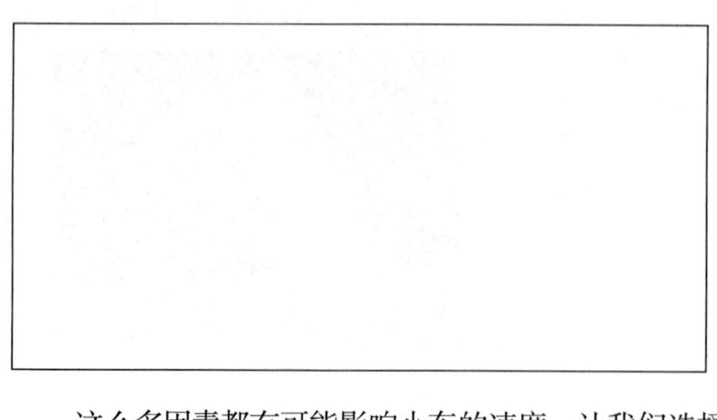

这么多因素都有可能影响小车的速度，让我们选择其中一个因素研究一下喽！

研究问题：（　　　）因素影响风能小车的速度？

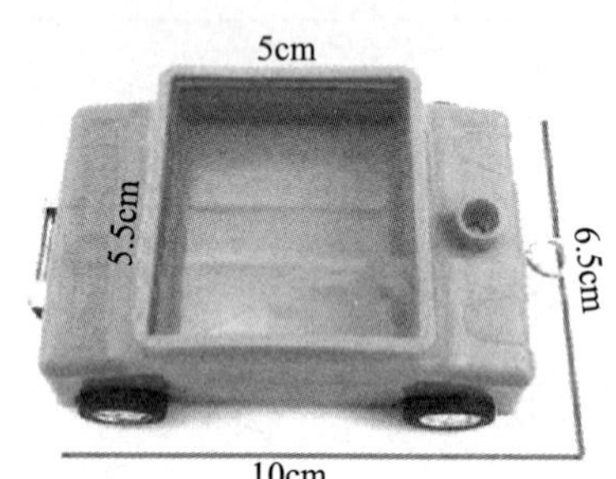

实验材料：

序号	材料	数量	用途
1	小车	一辆	
2	胶泥	3 块	
3	A4 纸	1 张	
4	吸管	3 根	
5	胶条	1 卷	

注：自己选择材料，并知道为什么选择它们。

实验控制因素：

变化的因素：________________

不变的因素：________________

实验设计图：

草图：

设计图：

实验现象：

实验结论：

2. 风能发电路灯

了解了风能发电的基本原理，让我们来设计并制作一个风能发电路灯。要想设计风能发电路灯，需要考虑哪些因素？尝试将本组的想法记录并画下来。

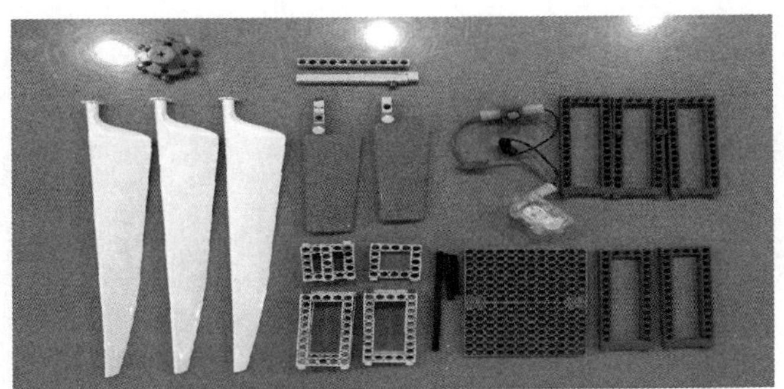

有了初步的想法，让我们看看有哪些材料可以利用。如果你找到更好的材料也可以替代和增加。

实验材料：

序号	材料	数量	用途
1	扇翼	5 个	
2	小发电机	1 块	
3	导线	2 根	
4	底座	1 个	
5	长方框架	8 个	
6	轴	3 个	

注：自己选择材料，并知道为什么选择它们。

准备好了实验材料，那就让我们了解下制作过程，并将制作步骤梳理到组装步骤中（在制作过程中，注意工具的安全使用）。

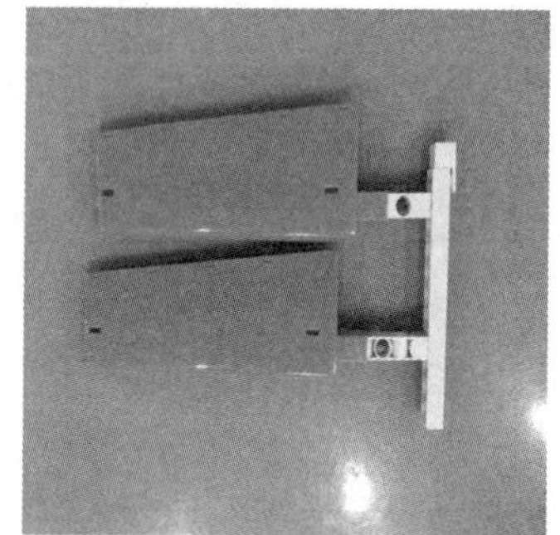
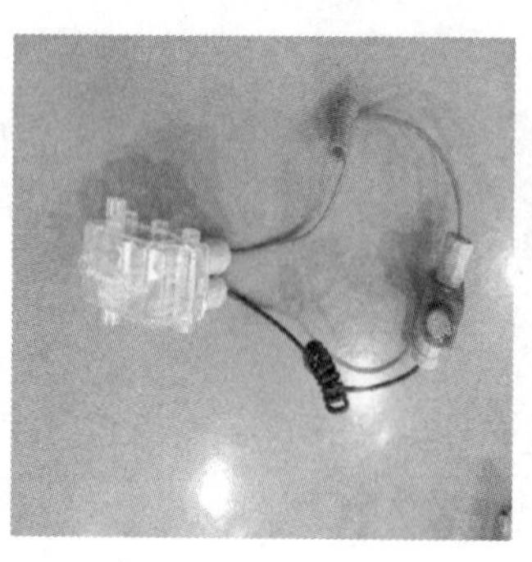
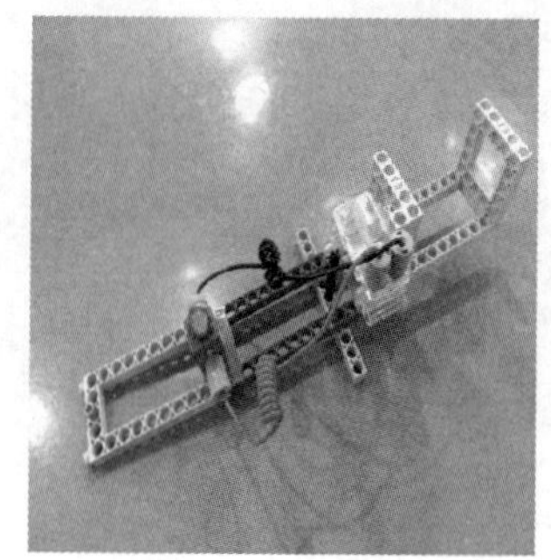

实验步骤：

①＿＿＿＿＿＿＿＿＿＿＿＿＿＿＿＿＿＿＿＿＿＿

②＿＿＿＿＿＿＿＿＿＿＿＿＿＿＿＿＿＿＿＿＿＿

③＿＿＿＿＿＿＿＿＿＿＿＿＿＿＿＿＿＿＿＿＿＿

④＿＿＿＿＿＿＿＿＿＿＿＿＿＿＿＿＿＿＿＿＿＿

⑤＿＿＿＿＿＿＿＿＿＿＿＿＿＿＿＿＿＿＿＿＿＿

制作起来不容易吧，赶紧和自己的作品拍张合影，秀一下本组的作品。

在制作过程中，你有哪些发现？

展示交流

1. 创意对话

在同学们的发现中肯定提到了风能小灯时亮时灭的现象，那什么因素使得风能小灯时亮时灭呢?

2. 成果展示

同学们从不同的角度对风能小灯做了改进，快来听一听同学们的汇报，从中又受到哪些启发?

成果展示:

有了较为满意的设计，我们要将本组的设计进行市场推广！说到市场推广，我们需要从以下几个方面先了解市场推广的内容。

市场推广的内容

市场推广要点	具体内容
市场需求	市场对风能小灯的需求程度
价格成本	计算风能小灯的制作成本
客户群体	哪些客户对风能小灯感兴趣
可行性分析	风能小灯的改进
特点宣传	将本组风能小灯的特点展现出来

接下来，让我们用思维导图，将市场推广中的访谈和从网络搜集到的信息梳理一下，形成本组的市场推广方案。

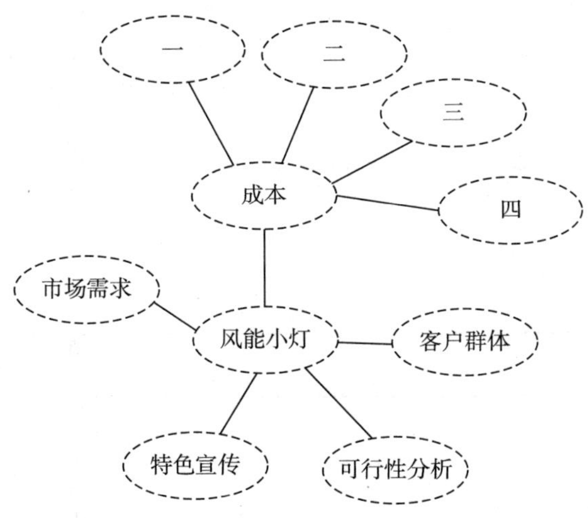

听取了不同小组的市场推广分析，你们小组从中有哪些收获？不妨在小组讨论后记录下来。

3. 自我反思

这么多因素都有可能影响到风能小灯的照亮效果，让我们结合它在生活中的应用对我们的设计加以改进。

设计图：

实验现象：

设计评价：

自我评价：

同学评价：

家长评价：

教师评价：

社会服务

虽然风力发电具有清洁、环境效益好、可再生、永不枯竭、基建周期短、投资少等优点，同时我们也要客观地看待它的不足。

①风力发电在生态上的问题是可能干扰鸟类，如美国堪萨斯州的松鸡在风车出现之后已渐渐消失。

②进行风力发电时，风力发电机会发出巨大的噪声，所以要找一些空旷的地方来兴建。

③在一些地区，风力发电的经济性不足：许多地区的风力有间歇性，更糟糕的情况是中国台湾等地在电力需求较高的夏季及白天风力较小；因此，风力发电必须配合压缩空气储存等储能技术发展。

你怎么看待风能？

1. 社会服务之问题解决

虽然风能发电还有很多问题需要解决，但在生活中，人们不断进行风能发电的各种尝试，解决遇到的问题，不妨让我们看看。

在珠江新城“高大上”的写字楼里，电费比普通写字楼还低，酒店改造后一年电费能省 1000 多万元，这不仅仅是美好设想，而是通过节能设计已经实现的真实案例。广州已有多个项目获得美国 LEED 标准和中国绿色建筑评价标准的运行标识认证，被列入“国家超低能耗示范工程”，获得铂金级 LEED-CS 认证。

Altaeros energies 飞艇风力发电机被装在一个巨大的充氦飞艇里，被带上高空，因为那里有着比地表更强也更稳定的风，能驱动发电机产生源源不断的电力，并通过固定飞艇的缆绳传递到地面。它的成本也很高，但该公司认为它仍然可以商业化，因为这项技术可在偏远地区比如海岛、军事基地等地方使用。

想必同学们被五花八门的风能发电装置吸引了吧？你还能搜集到哪些风能发电的新设计？不妨记录下来。

2. 社会服务之建言献策

通过对风能的学习，我们知道其具有清洁、可再生、永不枯竭的优点；同时，也注意到其具有噪声大、影响生态、需要大量土木兴建等缺点。那你们有办法利用风能在学校里发电吗？请将你们的想法写在下面的方框中。

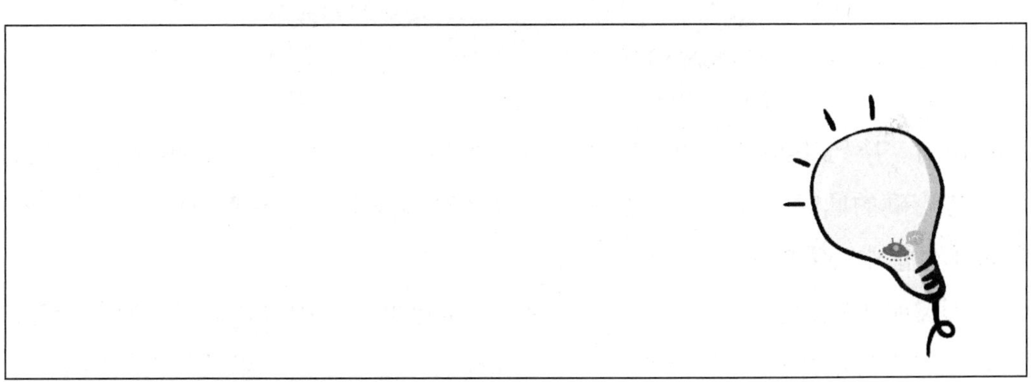

主题 4 “深不可测”的海洋能

初闻万马声，渐觉似长城。远自三山起，高连两岸平。凌风添怒势，映日作虚明。若是吴胥魄，如何渡越兵。 ——释文珦《钱塘江潮》

面对“凌风添怒势”的钱塘江大潮，你有什么感触？在人们感叹钱塘江大潮气势磅礴的同时，我国已经在浙江江夏修筑潮汐电站，将潮汐的“怒势”转化成了生活中必需的电能。

不仅如此，人们还走进海洋，利用现代技术挖掘海洋中多样而又丰富的能源。2008 年，葡萄牙引进英国的“海蛇”发电机组，它是一个 150 米长的钢铰接结构，通过弯曲移动带动水轮发电机发电，每次出海可产生 750 千瓦电量。

那么，什么是海洋能？海洋能又是如何应用的？还犹豫什么！让我们一起研究吧！

海洋能

海洋能是一种蕴藏在海洋中的可再生能源，海洋通过各种物理过程接收、储存和散发能量，这些能量以潮汐能、波浪能、温差能、盐度能、海流能等形式存在于海洋之中。一望无际的大海，不仅为人类提供航运、水源和丰富的矿藏，而且蕴藏着巨大的能量。

海洋能数量

在《低碳经济报告（2010）》（电子工业出版社）中提到，全球海洋能的可再生量很大，据估计全世界有780多亿千瓦，其中波浪能700亿千瓦，潮汐能30亿千瓦，温度差能20亿千瓦，海流能10亿千瓦。我国波浪能理论储存量为7000万千瓦，潮汐能的理论储存量达到1.1亿千瓦。

海洋能形式

一种是利用海洋运动过程产生能源，如潮汐能、波浪能、海流能；另一种是利用海洋的物理性质产生能源，如海洋温差能和海水盐差能等。

学习目标：

1. 了解海洋能是自然界中一种清洁、可再生的能源。
2. 了解人类对海洋能的利用方式。
3. 通过水车转动快慢的探究活动，让学生初步感受海洋能的巨大威力。
4. 通过水车转动的探究活动，让学生初步理解海洋能发电的原理。
5. 通过温差发电的探究活动，让学生深入理解不同海洋能发电的原理。
6. 通过潮汐能的工程设计，培养学生工程设计的科学思维。
7. 通过学生制作并体会海洋能应用，激发学生利用科学探究的方法研究海洋能的兴趣。

芝麻开门

说到海洋，我们可并不陌生，想想我们在什么地方学习过与海洋和海洋能相关的内容？

音乐课上：我们聆听过《长江之歌》《赶海的小姑娘》《让我们荡起双桨》。同学们在吟唱“让我们荡起双桨，小船儿推开波浪”的时候，不仅感受到其间的美妙，而且体会到波浪的巨大力量。

美术课上：老师组织同学们参观海洋馆，丰富的海洋资源让我们眼前一亮。海洋不仅是我们的绘画素材，而且蕴藏着数不尽的可再生能源。

数学课上：我们在初学解方程的过程中，最经典的例题就是海洋面积。还记得“陆地面积＋海洋面积＝地球表面积”的公式吗？

海洋对于我们如此重要，回想一下在自己的生活中，与海洋有过哪些“亲密”的接触呢？

在去海边旅行时，清晨居住在海边的人们，会根据潮涨潮落的规律，赶在潮落的时机，到海岸的滩涂和礁石上打捞或采集海产品，这就是我们常说的赶海。

走在海边，我们会发现岸边的岩石被海浪冲刷得很圆滑。原因是波浪中夹杂的泥沙和砾石往复运动，使海岸的岩石被磨蚀出光滑的轮廓。

如果浪比较大，我们有幸还会看到有人在冲浪。当合适的海浪逐渐靠近的时候，冲浪者调整方向，顺着海浪的方向划水，使冲浪板达到足够的速度，借助海浪的力量向前运动。

除了上述对海洋和海洋能的了解外，你在生活中还有哪些地方接触到了海洋和海洋能？不妨让我们到生活中去探索并将结果分享给同学们。

在世界各地，人们不断加强对海洋能的了解，让我们通过网络信息来进一步认识它。如果你有感兴趣的信息，可以记录在下面的空白处。

德国海洋能：鼓励研发创新　实现技术输出

可再生能源是德国能源转型的支柱产业之一。在德国海洋能研发领域，过去 10 年约有 15 个德国研发机构和大学院校参与了波浪能、潮流能与盐差能发电的研发。

****

欧洲积极促进海洋能源标准的完善

2017 年 5 月，欧洲海洋能源中心（EMEC）成为世界首家海洋能源试验场，在全球范围内推广其海洋能源标准。该机构已制定关于海洋能装置的资源评估、性能评估及室内测试等技术指南共 12 项，这 12 项技术指南适用于海洋能转换系统从概念到发电场的各个阶段，用于指导、规范海洋能装置的研发与测试。

****

我国海洋能发电项目全球领先

2018 年 1 月，联合国环境署最新发布的《2017 年全球可再生能源报告》（*Renewables 2017 Global Status Report*），概述了目前世界各国海洋能科技发展现状。我国海洋能发电项目全球领先。国家海洋能“十三五”规划发布，计划到 2020 年将适时建设国家海洋能试验场，建设兆瓦级潮流能并网示范基地及 500 千瓦级波浪能示范基地，启动万千瓦级潮汐能示范工程建设，全国海洋能总装机规模超过 5 万千瓦，建设 5 个以上海岛海洋能与风能、太阳能等可再生能源多能互补独立电力系统。

****

标题：______________________________

正文：______________________________

____

____

____

____

____

____

****

标题：______________________________

正文：______________________________

____

____

____

____

____

____

****

不难发现，同学们在各科学习的过程中，不同程度地接触到了波浪、海洋能。作为蕴藏丰富能源的海洋能，其家族成员也是五花八门的，让我们利用思维导图来梳理一下吧！

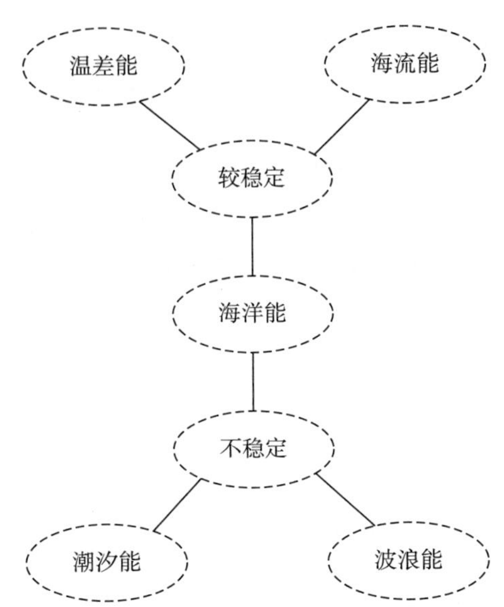

人文鉴赏

右图是位于英国的世界首座人工潟湖潮汐发电站，这座发电站总投资达 10 亿英镑，将利用来自塞文河口的巨大潮汐，将潮汐能转化成电能，产生的电力可以供 15.5 万户英国家庭使用 120 年。

英国首相卡梅伦（David Cameron）在周三对国会称，潮汐发电有“重大潜力”，并称来自中国的投资是一个双赢的结果。

中国港湾总经理林懿翀称该计划将为世界带来一种新的能源选择。“我们很荣幸能够被选中参与建设这座发电站，并期待与威尔士及英国其他地区继续建立新的合作伙伴关系。”

TLSB 母公司英国潮汐潟湖电力公司首席执行官舒罗克说道：“我们的目标是在两家公司、两国之间发展土木工程领域的新型经济合作机会，斯旺西海湾只是一个开始。”

这座人工潟湖潮汐发电站由英国 (TLSB) 公司在南威尔士地区的斯旺西海湾建造，旨在为英国家庭用电生产清洁电力。潟湖发电比传统岸对岸拦河坝技术更为环保，潟湖中还可发展帆船等娱乐项目。

通过对上述新闻的分析，你和组员有哪些思考和问题，请记录下来。

我的思考：

我的问题：

探究行动

虽然我们对潮汐能还不是很熟悉，但同学们所提的问题十分有研究价值，让我们来设计一个潮汐能发电的模型，感受一下人们是如何利用潮汐能的。

水的“威力”

我们知道潮汐能是利用海浪向前的推力。那么水具有多大的“威力”呢？你能用所学过的成语描述一下吗？

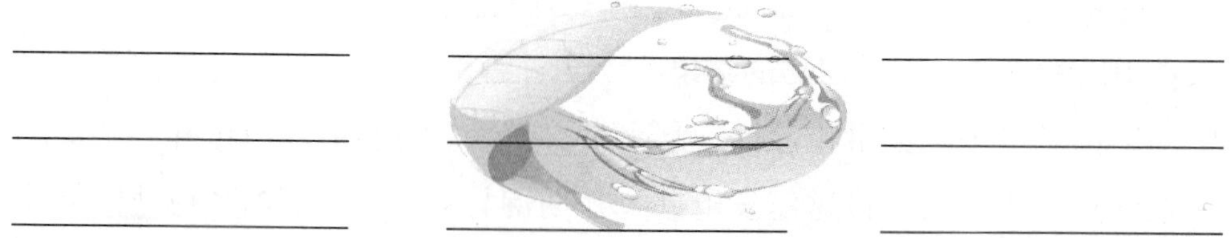

想必同学们肯定说到了“水滴石穿”这个成语，那就让我们利用水车实验感受一下滴水的“威力”。

实验材料：

序号	材料	数量	用途
1	小水车	2 个	
2	水杯	2 个	
3	水槽	1 个	
4			
5			

注：自己选择材料，并知道为什么选择它们。

实验步骤：

①将水车放到水槽中；
②将水杯倒满水；
③将水杯垂直置于水车扇叶上方；
④将水倒下，观察实验现象。

实验现象：

实验结论：

从同学们的汇报中，你有什么新的发现？

在小组发现中，肯定提到了水车的“快慢”，那么什么因素影响着它的快慢呢？请在实验图中标记出来。

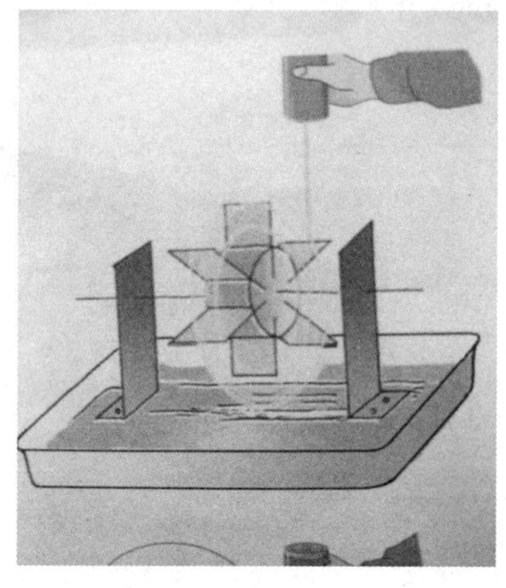

同学们找到很多影响水车转动快慢的因素，让我们选择其中一个因素来研究一下。

研究问题：____________________

研究假设：____________________

研究材料：

序号	材料	数量	用途
1			
2			
3			
4			

注：自己选择材料，并知道为什么选择它们。

研究因素：________________

控制因素：________________

（在设计这个实验时，请注意控制因素的重要性！）

草图： **实验改进图：**

（同学们在设计的过程中，要从草图逐步形成最终设计图）

实验现象及结论：

一杯水就能让水车转得飞快，那么整个海洋中的水汇聚成浪，那会是多大的“威力”呢？

指　标	估计量	技术允许量
潮汐能和波浪能	30 亿千瓦	10 亿千瓦

“10 亿千瓦”代表着什么？能做什么？请将你搜集到的信息写在下面。

____

____

你还有哪些发现？

____

____

创意设计

人们又是如何利用潮汐能转化成电能的？让我们进一步来研究吧。说到潮汐能，为什么称其为“守信用”？那要先从潮汐的形成说起。

潮汐现象是沿海地区的一种自然现象，指海水在天体（主要是月球和太阳）引力作用下所产生的周期性运动，习惯上把海面垂直方向涨落称为潮汐，而海水在水平方向的流动称为潮流。我们的祖先为了表示生潮的时刻，把发生在早晨的高潮叫潮，发生在晚上的高潮叫汐。这是潮汐名称的由来。

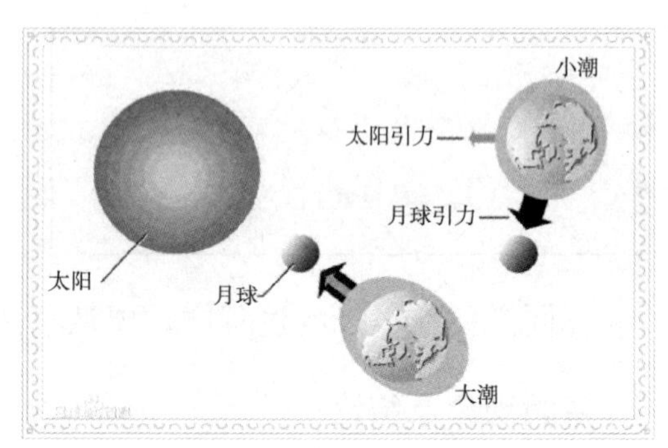

知道了有规律的潮汐现象，那么人们是怎样利用潮汐发电的呢？

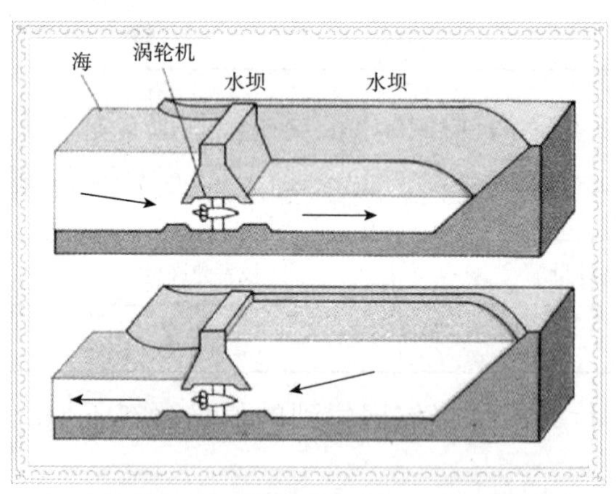

潮汐发电与普通水力发电原理类似，利用储水库，在涨潮时将海水储存在水库内，以势能的形式保存，然后，在落潮时放出海水，利用高、低潮位之间的落差，推动水轮机旋转，带动发电机发电。

（考考大家，捂住文字，试着用图解来独立解释潮汐能的发电原理）

由于海水的各种运动中潮汐最守信，最具规律性，又涨落于岸边，也最早为人们所认识利用，因此，在各种海洋能的利用中，潮汐能利用是最成熟的。

现在已经能造出形式各异的潮汐能发电装置，让我们来看一看。

世界上最大的潮汐能涡轮机——爱尔兰斯特兰福特湾的海上发电涡轮机。它靠水流来驱动，将潮流或深海洋流转化成电能。它是世界上唯一具有商业规模的涡轮机。

世界上最大的潮汐能拦河坝——法国布列特尼的兰斯潮汐能拦河坝。兰斯阻拦坝阻挡在兰斯河口处，此处高潮和低潮相差 8 米，通过河口的水使球形涡轮机转动起来，几乎能不停顿地发电。

世界最大的潮汐能电场——法国电力公司安装的世界首个并网潮汐能阵列。涡轮机将连接起来，而阵列将连接到通用电气设计的一台变流器上，向法国电网输送 1 兆瓦电力。

各种各样的潮汐发电，肯定让你看得眼花缭乱，你有什么想法？

知道了潮汐是如何发电的，让我们来试着制作一个潮汐发电原理的简易装置。

实验材料：

序号	材料	数量	用途
1	灰色涡轮	1 个	
2	二极管	1 个	
3	空气黏土	若干	
4	导线	2 根	

注：自己选择材料，并知道为什么选择它们。

实验组装：

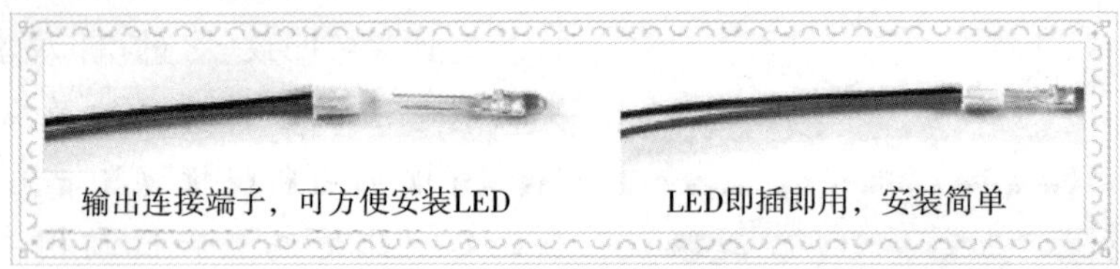

输出连接端子，可方便安装LED　　LED即插即用，安装简单

实验现象：

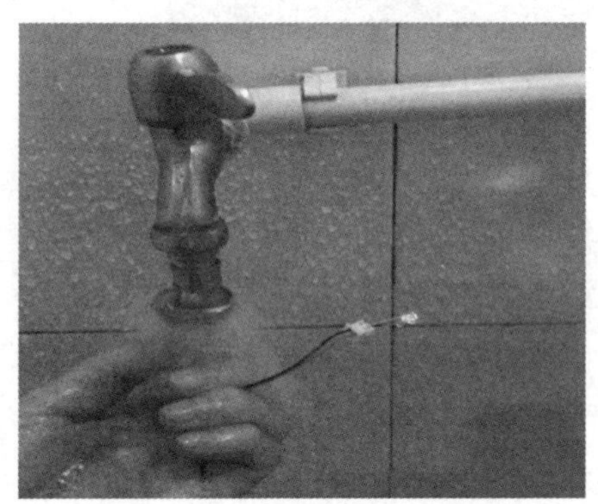

水力发电带亮LED灯珠效果

我的思考：

①小水流是否能让简易装置的小灯亮起来？

②如果要设计潮汐发电模型，还需要考虑哪些因素？

③________________________________？

工程产出

基于我们所了解的潮汐发电原理，接下来以小组为单位共同设计并制作潮汐发电模型。我们设计的原型是法国布列特尼圣马洛湾的潮汐电站。

1960 年 11 月 26 日，世界上第一座潮汐发电站在法国布列特尼圣马洛湾建成启用。这里的潮差水平为 10.9 米。最大可达 13.5 米；水库坝长 350 米，涨潮时水库的水面能延伸到 20 千米长。电站坝内安装有直径为 5.35 米的可逆水轮机 24 台，每台功率 1 万千瓦，发电量达 24 万千瓦，每年可供电 530 亿瓦·小时。

草图：

研究改进图：

设计材料：

序号	材料	数量	用途
1			
2			
3			
4			
5			
6			

注：自己选择材料，并知道为什么选择它们。

设计评价：

评价 1：

评价 2：

评价 3：

努力制作的模型来之不易，赶快和自己的作品拍张合影，秀一秀吧。

同学们在做了布列特尼圣马洛湾的潮汐电站模型后，想想还有哪些方法可以进行潮汐能发电的尝试？让我们搜集资料进行参考。

资料：

资料 1：

资料 2：

资料 3：

依据不同潮汐能的发电方式，同学们对模型进行设计和改进，快来听一听同学们的汇报，其中又有哪些新的启发？

成果展示：

成果展示 1：

成果展示 2：

在同学们展示的潮汐能发电模型中，肯定有作品让你“眼前一亮”。由此产生了哪些新想法和构思？一起梳理一下，填写在下面的思维导图中。

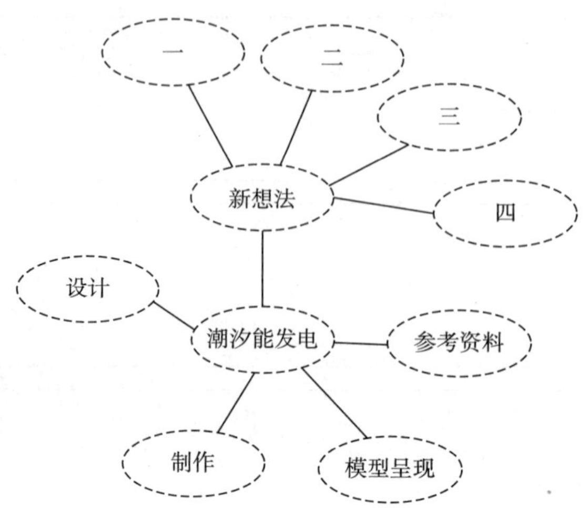

社会服务

虽然海洋能是取之不竭的可再生资源，具有潮汐能发电有规律可循、开发规模大小均可等优点，但我们也要客观看待它的不足。

①海洋能成本偏高。海洋能的发展前景较好，但目前其发电成本高昂，一些小型海洋能电站在运行一段时间后因为经济性差被停止或废弃了。

②海洋能发电装置影响周边海域的水质环境。英国 Severn 潮汐电站使河口流速减慢，水体中盐度、金属浓度以及病原体发生了改变。

③对海洋生物的影响。发电装置产生较大的噪声，鱼群会出现因受惊吓而警觉的现象，其迁徙活动也会受到影响。例如，2010 年对鲸鱼行为的研究中就证实了噪声影响鲸鱼的生存。

对海洋能，你还有什么看法？

虽然海洋能发电还有很多问题需要解决。但人们不断进行海洋能发电的各种尝试，解决遇到的问题，我们一起来看看。

右图是家用水力发电机Cappa，它由日本公司Ibasei研发。只要你把它放在水流湍急的小河中，它就可以持续地给家中供电。如果水流的流速在每小时7.2公里的话，5台这样的机器一起工作就可以产生一千瓦的电量，可用作电力应急设备，甚至可以为电动车充电。

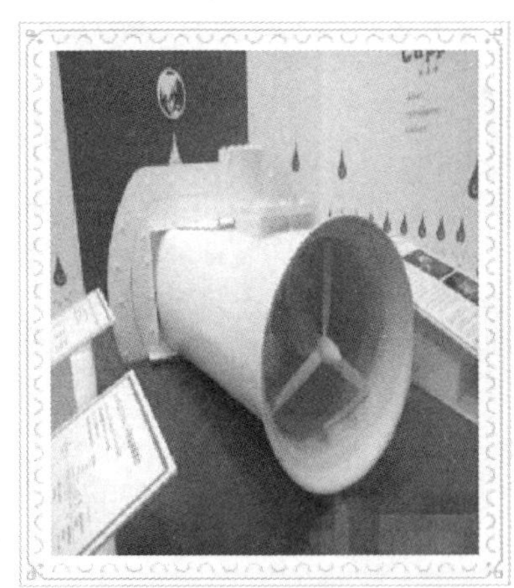

葡萄牙于2008年引进英国的“海蛇”发电机组，它是一个150米长的钢铰接结构，通过弯曲移动带动水轮发电机发电，可产生750千瓦电量。

你还能搜集到哪些海洋能发电的新设计？请记录下来。

通过对海洋能的学习，我们知道了其取之不尽、永不枯竭的优点；同时，也注意到其破坏自然水流和生态系统的缺点。那我们有没有什么办法最大限度地发挥其优点，减少其不足带给我们的影响？请将你们的想法写在下面的方框中。

主题 5　白色能源——地热能

寒冬腊月，你是否想过来一场“温泉浴”，舒展筋骨，赶走寒气呢？或者，放松一下身心。近年来，温泉已经成为现代人休闲、养生的常见活动。

其实在中国古代就出现了温泉文化。秦始皇建“骊山汤”是为了治疗疮伤，徐福寻找长生不老药，辗转漂流到日本歌山县，也找到了温泉，至今当地仍保留了“徐福”之汤温泉浴场。

到了唐朝，唐太宗特建“温泉宫”，诗人也留下了不少相关作品，足见中国悠久的温泉历史。

同学们，你们知道天然温泉是怎样形成的吗？

地热温泉

地势地热温泉是指以水为介质，把热从地下带到地表的温泉。

温泉就是一种地热能，除了温泉，地热能还包括什么？可以如何应用？让我们一起研究一下吧！

地热能

地热能是从地壳抽取的天然热能，来自地球内部的熔岩，并以热力形式的存在，是引致火山爆发及地震的能量。

地热能是一种无污染的清洁能源，因此又被称为“白煤”。地热能储量是全球煤炭热能储量的 1.7 亿倍。

地热能分类

地热能有两种分类方式，一种是按照其储存形式，可分为蒸汽型、热水型、地压型、干热岩型和熔岩型 5 大类。

另一种是按温度来划分。中国一般把高于 150℃的地热称为高温地热，主要用于发电。低于此温度的叫中低温地热，通常直接用于采暖、工农业加温、水产养殖及医疗和洗浴等。

地热能分布

全球来说，由于地热资源分布的不平衡，各国地热利用情况也不同。

地热能在全球的分布主要集中在 3 个地带：第一个是环太平洋带，东边是美国西海岸，南边是新西兰，西边有印度尼西亚、菲律宾、日本和中国台湾。第二个是大西洋中脊带，大部分在海洋，北端穿过冰岛。第三个是地中海到喜马拉雅山，包括意大利和我国西藏。

据美国地热能协会 (GEA) 公布的数据，全球地热能发电在过去的 10 年增长了 50%，这种新能源正在为全世界 4700 万人服务。目前，全世界已有 78 个国家利用地热能进行供热，24 个国家利用地热能发电。预计到 2020 年，全球地热能装机总量将达到 145~176 吉瓦。

地热能利用

地热能的利用可分为地热发电和直接利用两大类。地热发电实际上就是把地下的热能转变为机械能，然后再将机械能转变为电能的能量转变过程。

直接利用则是直接利用地热水进行建筑供暖、发展温室农业和温泉旅游等。我国已经基本形成以西藏羊八井为代表的地热发电、以天津和西安为代表的地热供暖、以东南沿海为代表的疗养与旅游、以华北平原为代表的种植和养殖的开发利用格局。

表 1　我国地热分布

<table>
<tr><th colspan="2">类型</th><th colspan="2">分布地区</th></tr>
<tr><td colspan="2">浅层地热</td><td colspan="2">东北地区南部、华北地区、江淮流域、四川盆地和西北地区东部</td></tr>
<tr><td rowspan="3">水热型地热</td><td rowspan="2">中低温地热</td><td>沉积盆地型</td><td>华北平原、河－淮盆地、苏北平原、江汉平原、松辽盆地、四川盆地以及环鄂尔多斯断陷盆地等地区</td></tr>
<tr><td>隆起山地型</td><td>藏南、川西和滇西、东南沿海、胶东半岛、辽东半岛、天山北麓等地区</td></tr>
<tr><td>高温地热</td><td colspan="2">藏南、滇西、川西等地区</td></tr>
<tr><td colspan="2">干热岩地热</td><td colspan="2">主要分布在西藏，其次为云南、广东、福建等东南沿海地区</td></tr>
</table>

表 2　我国地热能开发利用现状（截至 2015 年底）

地区	浅层地热能供暖 / 制冷面积（10^4 平方米）	水热型地热能供暖面积（10^4 平方米）	发电装机容量（兆瓦）
北京	4000	500	
天津	1000	2100	
河北	2800	2600	0.4
山西	500	200	
内蒙古	500	100	
山东	3000	1000	
河南	2900	600	
陕西	1000	1500	
甘肃	400	0	
宁夏	250	0	
青海	0	50	
新疆	300	100	
四川	1000	0	
重庆	700	0	
湖北	1200	0	
江西	600	0	
安徽	1800	50	
江苏	2500	50	

续表

地区	浅层地热能供暖 / 制冷面积（10^4 平方米）	水热型地热能供暖面积（10^4 平方米）	发电装机容量（兆瓦）
上海	1000	0	
浙江	2200	0	
辽宁	7000	200	
吉林	200	500	
黑龙江	300	650	
广东	500	0	0.3
福建	100	0	
海南	100	0	
云南	150	0	
贵州	800	10	
广西	2200	0	
西藏	0	0	26.58
全国	39200	10210	27.28

学习目标：

1. 了解地热能以及地热能的应用。
2. 用思维导图的形式组织、呈现自己掌握的相关知识。
3. 能在教师的辅助下组织实验活动、获取实验数据、对实验结论进行解释及展示。
4. 根据 STEAM 课程的评价量表，对小组合作项目进行评价。

芝麻开门

说到地热能，我们并不陌生，想想我们在什么地方学习过地热能的相关内容？

音乐课上： 我们学习了歌曲《我们的家园》，我们在享受地球给予我们的能源时，也要爱护我们共同的家园。

科学课上： 《地震与火山》一课提到：火山可以带来热泉。

语文课上： 我们学习了课文《只有一个地球》，我们懂得了爱护生态环境，要节约资源、能源，增强环保意识！

地热能对我们如此重要，回想自己的生活中，与地热能有过哪些“亲密”接触？

地球内部蕴藏着巨大热能，火山爆发是地球内部热能在地表的强烈显示。日本、新西兰等一些多火山国家，地热资源丰富。我国腾冲地区在亿万年前就形成了一座形状独特的火山。在腾冲市一直流传着这样的民谚：“好个腾越州，十山九无头。”老百姓所说的“无头山”其实指的就是火山。

地热能形成了温泉。温泉水一般含有多种微量元素，温度常高于30摄氏度以上，具有一定的医疗作用。有的温泉中还加入红酒、中药材、花草植物等各种物质，使得温泉的医疗和美容效果更佳。

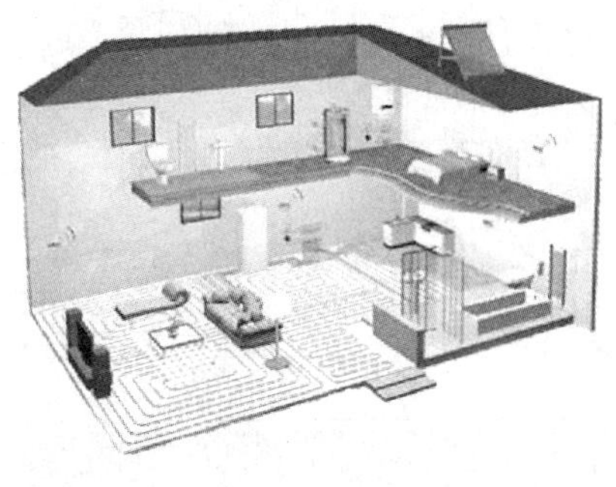

现在，很多新小区都采取了地热供暖方式，既能节约室内空间、美化家居环境，又能达到很好的供热效果。早在20世纪70年代，低温地板辐射采暖技术就在欧、美、韩、日等地得到迅速发展，是一种科学、节能、保健的采暖方式。

在世界各地，人们不断利用先进技术了解地热能，让我们通过网络信息来进一步认识一下。

地热能作为可再生能源供暖的主要形式，将在传统供暖区域燃煤替代与新增供暖区域清洁取暖方面发挥重要作用，未来发展空间较大。“北方地区清洁取暖”更是进一步扩展了地热产业市场空间。现在通过地源热泵技术利用浅层地热能已经突破了成本瓶颈，北京城市副中心、北京新机场以及雄安新区建设都在规模化使用浅层地热能资源。

新西兰、菲律宾、美国、日本等先后投入地热发电的大潮中，其中美国地热发电的装机容量居世界首位。美国加州吉塞斯地热电站是目前世界上最大的地热电站。据美国地热能协会公布的数字，地热能发电正在为全世界 4700 万人服务，并且又有 21 个国家开发了地热发电。

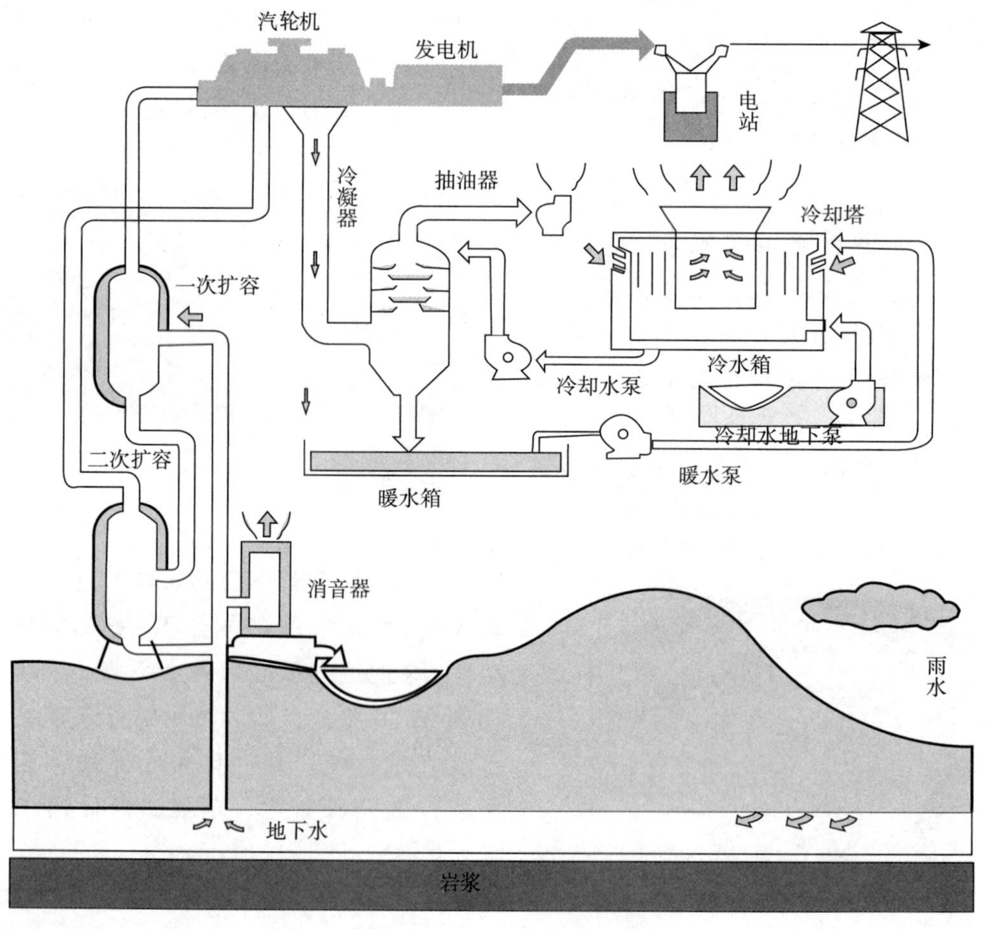

不难发现，同学们在各科学习的过程中，不同程度地接触到了地热能。作为蕴藏丰富能源的地热能，其家族成员也是五花八门的，让我们利用思维导图来梳理一下！

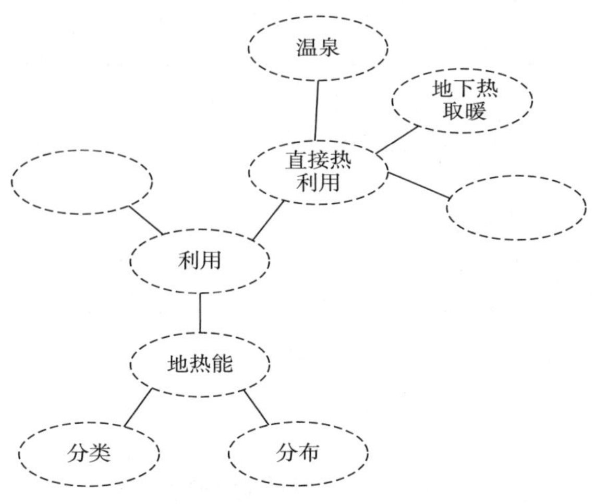

人文鉴赏

第 69 届德国纽伦堡国际发明展 (IENA) 成绩揭晓，福田中学高一学子王楷迪以其发明的“自然风、地热天然空调”一举夺得银奖。过去人们发明的空调机主要是通过机器调节室内的空气，但成本较高，能耗较大。“如何利用电力以外的东西来设计空调？”这成为一个重要研究课题。

据介绍，“自然风、地热天然空调”能自动接收室外顺风向气流，可实时利用自然风调节室内空气，同时在地下设置管道，可利用地下冬暖夏凉的特点，通过小气泵来调节室内空气温度。这项发明具有新颖性、创造性和实用性，节能环保。

阅读上述新闻，你有哪些思考和问题，请记录下来。

我的思考：

我的问题：

探究行动

活动1：感受地热能

地热能不容易获取，不过我们能用其他材料来模拟。

我们来做个模型，感受一下地热能的巨大能量吧！

实验材料：

序号	材料	数量	用途
1	高锰酸钾	适量	
2	甘油	适量	
3	塑料瓶	1个	
4	陶艺泥	适量	
5	药匙	1个	
6	硬纸板	1个	
7	护目镜	若干	

注：自己选择材料，并知道为什么选择它们。

温馨提示：请同学们在实验中带好护目镜，另外，实验中会出现白气和火焰！注意安全哟！

实验步骤：

①将塑料瓶放在中间，周围用陶艺泥包裹，制作成火山的形状。将火山模型放在硬纸板上（可以用不同颜料装饰）。
②用药匙取适量高锰酸钾倒入瓶内。
③取适量甘油倒入瓶内。
④观察现象，与同伴说说自己的感受。

通过这个实验，你感受到地热能的巨大能量了吗？把你的发现和感受记录下来吧！

活动记录：

同学们，被地热能的巨大能量震撼到了吗？它不仅能量巨大，而且与风能、太阳能等不同的是，地热能的利用过程几乎不会出现废弃物，是非常具有潜力的一种可再生能源。长期以来，地热能一直作为供暖或温泉洗浴使用。

活动 2：探究地热供暖

实验材料：

序号	材料	数量	用途
1	硬纸板	适量	
2	软导管	适量	
3	胶带	若干	
4	温度计	1 支	
5	注射器	1 个	
6	木塞	1 个	

注：自己选择材料，并知道为什么选择它们。

实验步骤：

①安装实验器材。
②用注射器将热水注入导管内。
③观察纸板上方温度的变化。

我的发现：

地热能还有其他利用方式吗？

工程产出

在过去五年中，随着多项新技术的应用和更多国家的加入，地热能发电得到了蓬勃的发展。我国羊易电站试发电已经成功。

让我们利用地热能设计一个发电的装置，使小风扇转动起来吧！

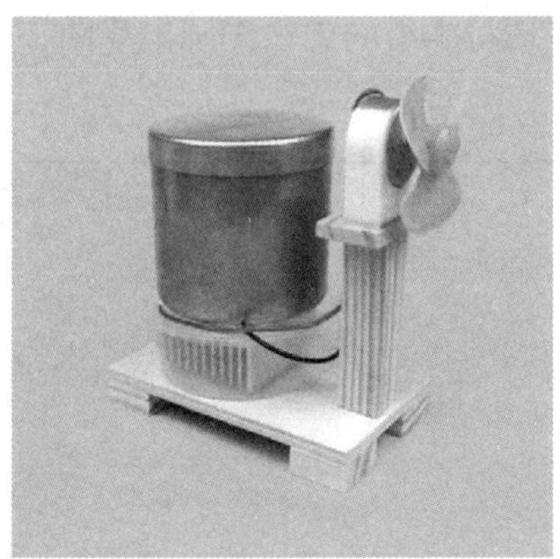

实验材料：

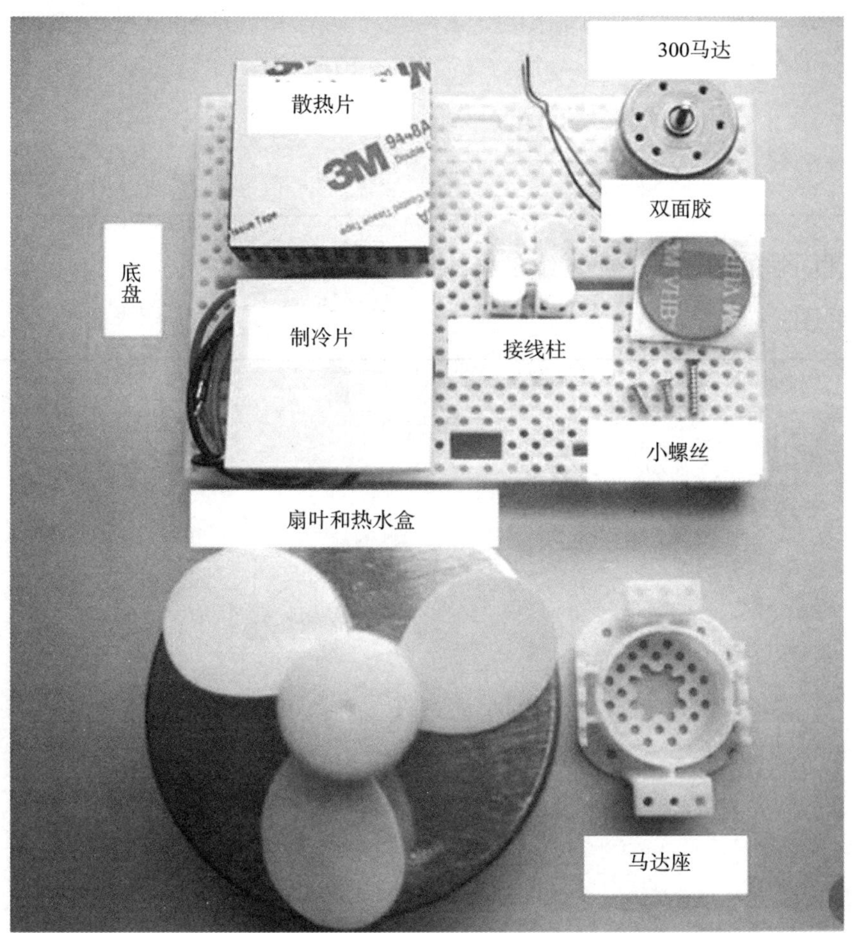

准备好了实验材料，请将本组的想法先画出草图，并记录下来。

草图：

梳理同学们的想法，将本组最终的设计图画在下面。

设计图：

制作起来不容易吧，来和自己的作品拍张照，秀一秀吧！

同学们肯定发现了冷水、热水温度差异不同时，小风扇转动快慢也不一样。请你继续调查发电效果最好时温差为多少。

同学们对作品进行了改进，快来听一听同学们的汇报，又有哪些新的启发？

成果展示：

成果展示1：

成果展示2：

针对本组的设计大家还有哪些新的想法和构思，可以梳理在下面的思维导图中。

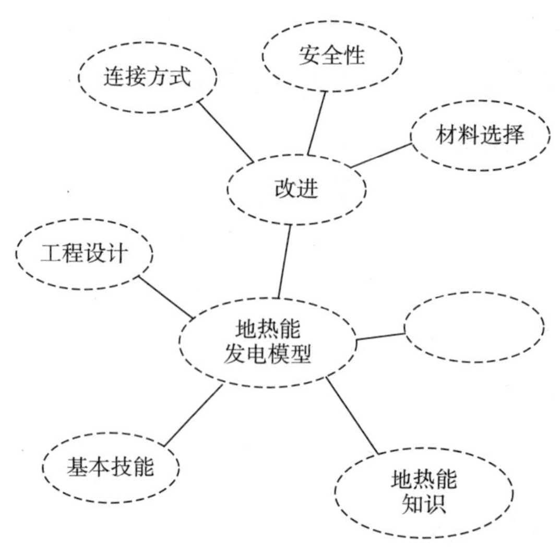

社会服务

虽然地热能具有分布范围广、储量巨大、开采成本低等优点，但是我们也要客观地看待它的不足：受地域限制很大、开发的初始投资成本高、开采过程中要采取回灌措施、开采难度较大。如果开发利用不当，可能对周围环境造成危害。

地下热水由于温度高，压力大，溶解周围岩石中化学物质的能力较强。所以，含有几十种化学元素。地下热水的含氟量一般较高。有些地区地下热水被开发利用后就地排放，造成有害元素对饮用水水源的污染。

世界各国许多地区都是氟中毒地区。我国的小汤山温泉地区，早在 1958 年就发现有氟中毒现象。有些地方用低温地下热水直接灌溉农田或养鱼等，造成巨大损失。

你怎么看待地热能？

虽然地热能的应用还有很多问题需要解决。但在生活中，人们不断尝试开发地热能，积极解决遇到的问题，让我们来看看。

我国地热资源非常丰富，其中，高温地热资源主要分布在我国西南地区或东南沿海，中低温的地热资源在全国各地都有分布，尤其在京津冀、陕西渭河盆地等地区分布非常广泛，具有很好的开发利用潜力。

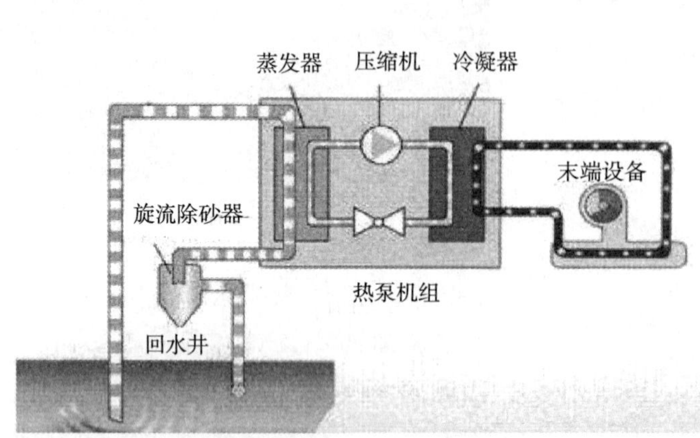

河北省遵化市龙华名苑小区，通过水源热泵利用浅层地热能为小区供暖。利用水源热泵系统比燃煤锅炉每年可节约3891.6吨标准煤，同时可减排二氧化碳9603.69吨、二氧化硫289.15吨。因此，该小区采用水源热泵系统为用户冬季供暖与锅炉相比具有显著的节能效果。

你还搜集到哪些地热能的相关新闻，请记录下来。

在全球变暖、污染加剧的挑战下，地热能开发正在成为清洁城市、助攻蓝天保卫战的重要发力方向。根据《地热能开发利用“十三五”规划》，到2020年，我国地热能利用总量将达7000万吨标煤。经过诸多实践，我国地热能的发展潜力仍待深度挖掘。同学们学习了这么多关于地热能的知识，对于地热能的开发与安全有什么建议吗？请把你的想法记录在下面的空白处。

主题6　绿色能源——生物质能

远古时，河南商丘一带是一片森林。在森林中居住的燧人氏，经常捕食野兽，当击打野兽的石块与山石相碰时往往产生火花。燧人氏从这里受到启发，就以石击石，用产生的火花引燃火绒，生出火来。这是人类利用生物质能的最早记录。

家里烧着柴火，远远看着有人家烟囱白烟袅袅，不时还传出劈柴声、炒菜声。于是，就知道有人家开始做饭了。柴火大多是玉米秆，也有大块的木材。用玉米叶子来烧火，火烧得旺的时候，火苗在灶口窜动。这是许多人的童年记忆。现在，木柴、玉米秆不仅可以烧火做饭，更有了多元化的利用方式，形成生物质能。

生物质是什么？生物质能还包括什么？又如何运用？让我们一起研究吧！

生物质能

生物质是指通过光合作用而形成的各种有机体，包括所有的动植物和微生物。生物质能则是太阳能以化学能形式储存在生物质中的能量形式，它一直是人类赖以生存的重要能源之一，是仅次于煤炭、石油、天然气的第四大能源，在整个能源系统中占有重要的地位。

生物质的分类

依据来源的不同，可以将适合于能源利用的生物质分为农业资源、林业资源、生活污水和工业有机废水、城市固体废物和畜禽粪便等五大类。

生物质能的利用

直接用作燃料的有农作物的秸秆、薪柴等；间接作为燃料的有农林废弃物、动物粪便、垃圾及藻类等，它们通过微生物作用生成沼气，或采用热解法制造液体和气体燃料，也可制造生物炭。生物质能是世界上分布最为广泛的可再生能源。

学习目标：

1. 了解生物质能以及生物质能的应用。
2. 用思维导图的形式组织、呈现自己掌握的相关知识。
3. 能在教师的辅助下组织实验活动，获取实验数据，对实验结论进行解释及展示。
4. 根据 STEAM 课程的评价量表，对小组合作项目学习进行评价。

生物质能的特点

①可再生性。生物质能由于通过植物的光合作用可以再生，与风能、太阳能等同属于可再生能源，资源丰富，可保证能源的永续利用。

②低污染性。对大气的二氧化碳净排放量近似于零，可有效地减轻温室效应。

③广泛分布性。缺乏煤炭的地域，可充分利用生物质能。

④总量十分丰富。生物质能是世界第四大能源，仅次于煤炭、石油和天然气。据生物学家估算，地球陆地上每年生产 1000 亿～1250 亿吨生物质。

⑤广泛应用性。生物质能可以以沼气、压缩成型固体燃料、气化生产燃气、气化发电、燃料酒精、热裂解生物柴油等形式存在，应用于国民经济的各个领域。

芝麻开门

说到生物质能，我们并不陌生，想想我们在什么地方学习过关于生物质能的内容?

语文课上：我们学过《花钟》《植物妈妈有办法》《果园机器人》等相关课文。其中《果园机器人》中提到机器人可以收割苹果，吃苹果就相当于充电，获得能量。

科学课上：我们知道了煤的形成和植物的关系；另外，还从《幼苗与阳光》一课中了解了幼苗生长和阳光的关系；从《猫头鹰与农田》一课中了解到腐烂的动植物在微生物的分解下可以重新变成养分。

音乐课上：我们学过唱《种太阳》，明白了太阳可以提供能量，使万物生长。
美术课上：我们欣赏过凡·高的《向日葵》。向日葵，“向阳而生”，使自己获得充足的能量。

生物质能对我们如此重要，回想自己的生活中，与生物质能有过哪些“亲密”的接触？

现在城市里做饭基本上都是使用天然气，但是在农村就没有这么好的条件了。老一辈人仍然习惯烧柴火做饭的方式，即通过燃烧木柴、秸秆等直接获取能量。

近年来，随着社会主义新农村建设的推进，许多地区沼气建设迅速发展。建池的沼气户基本实现了家庭温暖清洁化、庭院经济高效化、农业生产无害化。

日常生活中有人爱用捣碎的鸡蛋壳和茶叶渣浇花，给花卉添加养分，促使花卉迅速生长。

在世界各地，人们更是不断利用先进技术了解生物质能，让我们通过网络信息来进一步认识。

截至2015年，全球生物质成型燃料产量约3000万吨。欧洲是世界上最大的生物质成型燃料消费地区，年均约1600万吨。北欧国家生物质成型燃料消费比重较大，其中瑞典生物质成型燃料供热约占供热能源消费总量的70%。

截至2015年，全球沼气年产量约为570亿立方米，其中德国沼气年产量超过200亿立方米。瑞典生物天然气满足了全国30%的车的燃气需求。

那么，同学们知道生物质能在我国的发展情况吗?

我国生物质资源丰富，能源化利用潜力大。全国可作为能源利用的农作物秸秆及农产品加工剩余物、林业剩余物和能源作物、生活垃圾与有机废弃物等生物质资源总量每年约4.6亿吨标准煤。截至2015年，生物质能利用量约3500万吨标准煤，其中商品化的生物质能利用量约为1800万吨标准煤。生物质发电和液体燃料产业已形成一定的规模。生物质成型燃料、生物天然气等产业已起步，呈现良好发展势头。

中国已经开发出多种固定床气化炉和流化床气化炉，以秸秆、木屑、稻壳、树枝为原料生产燃气。

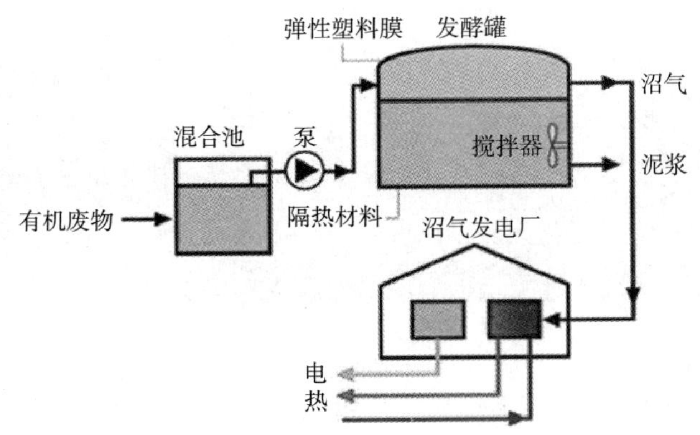

不难发现，同学们在各科学习的过程中，不同程度地接触到了生物质能。作为蕴藏丰富能源的生物质能，其家族成员也是五花八门的，让我们利用思维导图来梳理一下。

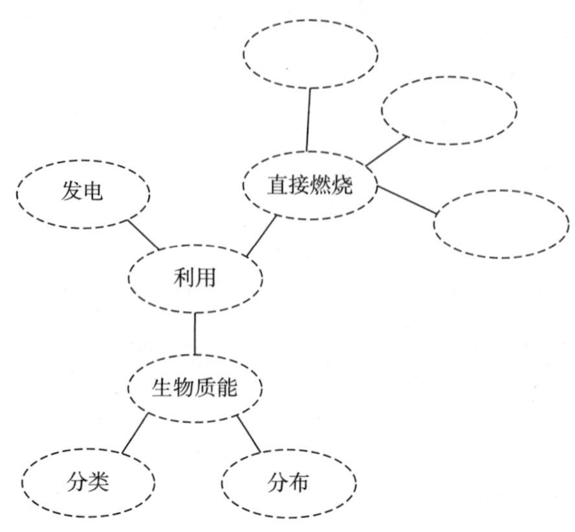

人文鉴赏

“抗雪牛人”研制出生物质气化环保炉

〔合肥日报讯〕在 2009 年大雪中，肥西三河镇农民吴正仓用自创的“土法子”挽救了 28 座蔬菜大棚，被当地人誉为“抗雪牛人”。吴正仓经过 3 年努力攻关，成功研制出 XYH−I 型生物质气化环保炉。该产品已通过安徽省科技厅高科技成果鉴定，填补了生物质能源热裂解应用领域的空白，取得了发明专利 4 项，实用新型专利 10 项。

吴正仓从小就喜欢“捣鼓”一些小发明创造，一次偶然的机会，他与一种烧秸秆的炉子“较上了劲”。于是，他成立了安徽喜阳阳新能源公司，带领一个技术团队对此进行技术攻关研究。

“市面上的炉子有两种，一种炉内温度低，烧秸秆会冒烟，效果不好。另一种炉内温度高，在燃烧中产生大量焦油，影响使用。”吴正仓说，他进行了 3 年的研究，就为了找到一个合适的炉内温度，让秸秆裂解后气化，提高燃烧效率，而且不会产生焦油。目前，他研制出的产品分两类，一类适合家庭用，体积小，易于搬运，安装操作简便，供能安全稳定；另一类是大型气化炉，体积较大，适合餐饮、洗浴、工业生产、火力发电等方面应用，可直接替代煤炭。

读完上述新闻，你有哪些思考和问题，请记录下来。

我的思考：

我的问题：

探究行动

虽然我们对生物质能还不是很熟悉，但同学们提出的问题都十分有研究价值。让我们先来感受一下，人们是如何利用生物质能的。

活动 1：感受生物质能

实验材料：

序号	材料	数量	用途
1	生物质颗粒燃料	适量	
2	火柴	适量	
3	烧杯	1 个	
4	水	适量	
5	三脚架	1 个	
6	易拉罐	1 个	
7	石棉网	1 个	

注：自己选择材料，并知道为什么选择它们。

实验步骤：

①如图所示，安装实验材料。
②将生物质颗粒燃料放在易拉罐中点燃，将易拉罐推入三脚架下给水加热。
③观察水的变化，与同伴说说自己的感受。

请记录下你的感受。

从同学们的汇报中，你有什么发现？

同学们，感受到生物质能了吗？燃烧后留下了什么？它们又有什么用途呢？

农村经常会有燃烧秸秆的现象，燃烧秸秆剩下的草木灰是很好的钾肥。钾肥对玉米来讲是不可或缺的肥料。燃烧秸秆还可以把害虫以及虫卵烧死，有利于下茬农作物的生长。

活动 2：循环利用的生物质能

实验材料：

序号	材料	数量	用途
1	两盆生长情况相同的玉米植株	2 株	
2	带有刻度的水壶	1 个	
3	生物质燃烧的灰	适量	
4	水	适量	

注：自己选择材料，并知道为什么选择它们。

实验步骤：

①将两盆玉米中的一盆里放入适量生物质燃烧剩下的灰。
②每天分别给两盆植株浇等量适量的水。
③观察两盆植株的生长情况，与同伴说说自己的感受。

实验现象：

实验结论：

从同学们的汇报中，你有什么新的发现？

创意设计

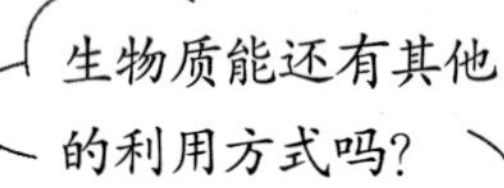

实验材料：

序号	材料	数量	用途
1	生石灰	适量	
2	酒精灯	1个	
3	水槽	1个	
4	水	适量	
5	搅拌机	1个	
6	搅拌棒	1个	
7	抄纸器	1个	
8	稻草、芦苇等	适量	
9	烧杯	1个	

注：自己选择材料，并知道为什么选择它们。

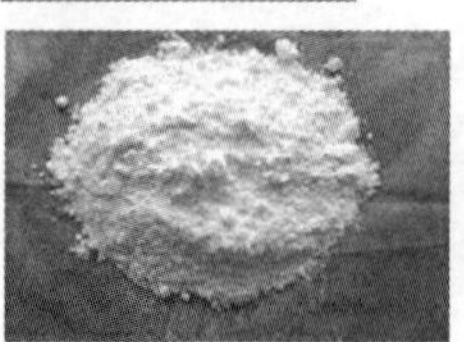

实验步骤：

①将适量生石灰放入盛有水的水槽中。
②把稻草、芦苇放入石灰水中浸泡。
③把浸泡后的稻草、芦苇放在酒精灯上煮 8 小时。
④把煮后的稻草、芦苇放在加有适量水的搅拌机内，进行搅拌。
⑤将搅拌后的浆液倒入水槽内，用搅拌棒进行搅拌，使浆液变成均匀悬浮的絮状纤维。
⑥将抄纸器放入浆液中，轻轻抖动，使絮状纤维在抄纸器上进行无序的、薄厚比较均匀的络合，然后拿出来晒干。

如果生石灰粉末进入眼睛，千万不要用水冲洗也不要揉眼睛。先用棉签将生石灰粉拨出后再用油类（如花生油）进行冲洗。避免因生石灰遇水反应产生热度将眼睛灼伤。

实验记录：

我的思考：

①如何使制作出来的纸更平滑细腻呢？
②你还能用哪些材料制作纸张呢？
③________________________？
④________________________？

我们已经了解了如何制作纸张，接下来以小组为单位，共同设计制作出一张既平滑又洁白的纸吧！小组讨论后，把你们的想法记录在下面。

草图：

研究设计图：

工程产出

实验材料：

序号	材料	数量	用途
1			
2			
3			
4			
5			

注：自己选择材料，并知道为什么选择它们。

准备好了实验材料，那就让我们了解一下制作过程，并将制作步骤梳理一下（在制作过程中，注意工具的安全使用）。

实验步骤：

①______________________________

____

②______________________________

____

③______________________________

____

④______________________________

____

⑤______________________________

____

制作起来不容易吧，和自己的作品拍张合影，秀一秀吧！

在制作过程中，你有哪些发现？

同学们肯定发现了每组的纸张都不同，那么它们存在差异的原因是什么呢？

同学们对作品进行了改进，快来听一听同学们的汇报，其中又有哪些新的启发？

成果展示：

成果展示 1：

成果展示 2：

在同学们所制作的纸张中，肯定有作品让你“眼前一亮”，你们又有哪些新的想法和构思？请梳理到下面的思维导图中。

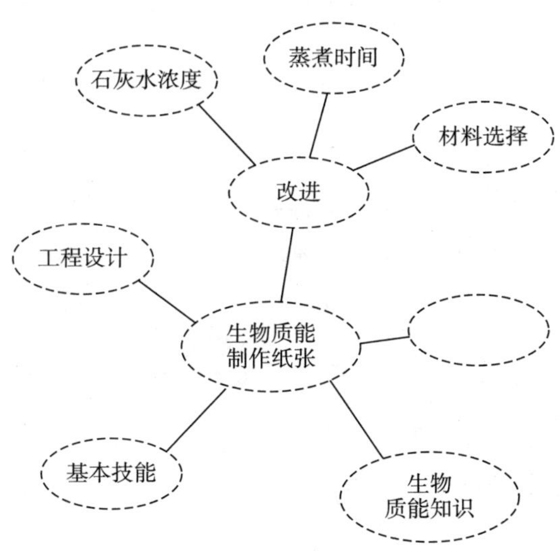

社会服务

虽然生物质能是唯一可转化成多种能源产品的新能源，但我们也要客观地看待它的不足。

（1）技术落后。生物质能的利用装备技术含量低。一些关键技术研发进展不大。例如，厌氧消化产气率低，设备与管理自动化程度较差；气化利用中焦油问题未能解决，影响长期应用；沼气发电与气化发电效率较低，二次污染问题没有彻底解决。

（2）成本价格难控制。受土地制度的限制，我国农村土地高度分散，给资源的收集、储存、运输带来很大的不利，由此导致的成本在后续环节上会放大很多倍。国家发展和改革委员会能源研究所研究员秦世平教授说："有些人认为收集半径的扩大就是多一点油钱，实际上运输工具、人力成本都不一样。"

你怎么看待生物质能？

虽然生物质能的应用还有很多问题需要解决。但在生活中，人们不断进行利用生物质能的各种尝试，解决遇到的问题，让我们来看看。

在美国，生物质能发电的总装机容量已经超过10吉兆瓦，单机容量达到10~25兆瓦；美国纽约的斯塔藤垃圾处理站投资2000万美元，采用湿法处理垃圾，回收沼气，用于发电，同时生产肥料。

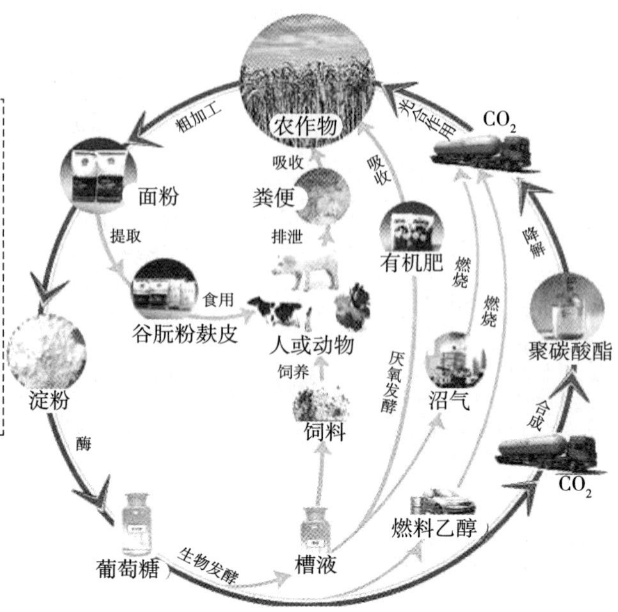

美国开发出利用纤维素废料生产酒精的技术，建立了1兆瓦的稻壳发电示范工程，年产酒精2500吨。

巴西是乙醇燃料开发应用最有特色的国家，实施了世界上规模最大的乙醇开发计划，乙醇燃料已经占该国汽车燃料消费量的50%以上。

从资源和发展潜力来看，生物质能总体仍处于发展初期。虽然它洁净、

无污染，但仍存在一些问题：农林生物质原料难以实现大规模收集，畜禽粪便收集缺乏专用设备，能源化无害化处理难度较大。同学们，你们有没有什么想法呢?

主题 7 “无处不在”的氢能

氢能？氢燃料电池？这是什么东西？为什么要发展氢能？氢能的前景怎么样？为什么氢能会这么受重视，它又是如何被应用的呢？本单元将带你开启氢能的探索之旅！

氢能是公认的清洁能源，同时氢也是宇宙中最常见的元素，宇宙质量的75% 都是氢，由此可见氢的含量是巨大的，如果我们能把氢能利用起来就一定可以解决能源枯竭这个巨大的问题。氢能作为低碳能源正在脱颖而出。

21 世纪，我国和美国、日本、加拿大等都制定了氢能发展规划，目前我国已在氢能领域取得了多方面的进展，在不久的将来有望成为氢能技术和应用领先的国家之一。

氢能

氢能是氢在物理与化学变化过程中释放的能量。氢能是氢的化学能，氢在地球上主要以水的形式存在，是宇宙中分布最广泛的物质，它构成了宇宙质量的 75%。工业上生产氢的方式很多，常见的有水电解制氢、煤炭气化制氢、重油及天然气水蒸气催化转化制氢等。

氢能的能量

氢燃烧的热值高居各种燃料之冠，燃烧同等质量的氢产生的热量，约为汽油的 3 倍，酒精的 3.9 倍，木炭的 4.5 倍。

氢能的形式

氢既可以通过直接燃烧产生热能，在热力发动机中产生机械功，又可以作为能源材料用于燃料电池，或转换成固态氢用作结构材料。

学习目标：

1. 知道氢能是自然界中的一种清洁、可再生的能源。
2. 知道人类对氢能的利用情况。
3. 通过氢气燃烧的实验，初步感受氢能蕴藏的巨大能量。
4. 通过氢能发电的探究活动，初步理解氢能发电的原理。
5. 通过完成氢能小车的工程设计，培养学生工程设计的科学思维，便于学生对研究问题更为全面地把握和应用。

芝麻开门

提到氢能你可能会觉得离我们的生活很远，其实我们学习过的很多知识都和氢有关系。

科学课上：我们学习新能源单元时，人们利用新能源解决了很多问题，那些新奇的氢能汽车更是让我们眼花缭乱。

美术课上：老师组织同学们参加科幻画比赛，很多同学都在畅想未来的世界会是什么样子的；有的同学还绘制了氢能地铁，描绘了一幅氢能社会的图景。

劳技课上：老师给我们准备了各式各样的氢气球，我们尝试用长条形氢气球缠绕成各种动物的形状，然后让氢气球飞到天花板上，教室就被布置成了一个奇幻的乐园。

数学课上：我们认识数字的时候经常学习有关温度的知识，而氢有时候是气体、有时候是液体，就是因为温度变化的原因。

氢能需要我们破解的秘密有很多，我们一起用思维导图来整理一下吧！请你学习完本单元之后再回来看看，思维导图上关于氢能的知识你了解哪些呢?

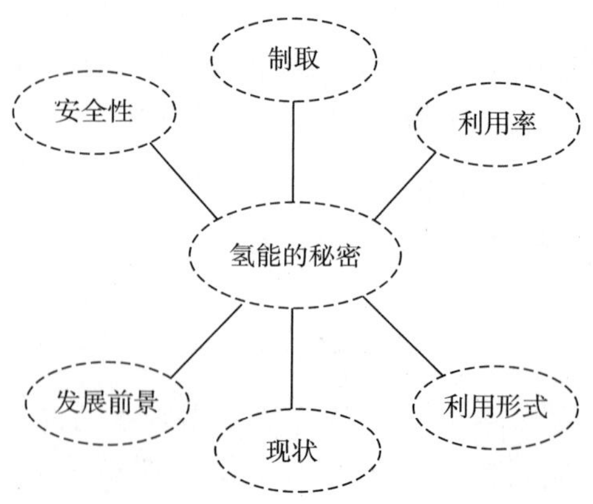

世界各地的人们不断利用先进技术开发氢能，把你感兴趣的信息记录下来吧。

我国建成首座利用可再生能源制氢的 70MPa 加氢站

我国首座利用风光互补发电技术制氢的 70MPa 加氢站 2017 年在大连建成。

通过项目成员单位的合作攻关，实现了关键设备的自主创新，迈出了赶超国际先进水平的坚实一步。目前，项目组和新源动力正在积极协调相关行政审批事宜，争取加氢站早日通过验收并投入运营，为大连乃至东北地区的燃料电池汽车示范运行提供加氢服务，成为我国向世界展示氢能与燃料电池汽车领域先进技术的窗口。

****

西安航天开发清洁能源　成立我国首个军民融合氢能技术研发中心

我国首个军民融合氢能工程技术研发中心近日在北京成立，该中心开展氢能利用、技术研发、业务拓展、对外交流。中心的成立将推动清洁能源氢能在民间的利用。

****

日本爱知县计划在 2030 年实现“氢能社会”

日本政府 2017 年 12 月正式发布“氢能源基本战略”，主要目标包括到 2030 年前后实现氢能源发电商用，以削减碳排放并提高能源自给率。由于来源广泛、燃烧热值高、清洁无污染和适用范围广等优点，氢能源被视作 21 世纪极具发展潜力的清洁能源。日本政府正在竭力打造“氢能社会”，抓住“未来王牌”。

****

韩国：建立氢能经济的必要性

目前，韩国潜在经济增长率正在稳步下降（当前在 3% 左右）。氢能产业可以在 “生产—储存—供应—应用” 价值链中创造价值，对社会拥有巨大的正面效应，并且可以产生副产品，如水、氧气及热能等。

****

标题：________________________

正文：________________________

____

____

____

****

标题：________________________

正文：________________________

____

____

____

人文鉴赏

瑞典首座太阳能制氢加氢站

与市政电力公司 VänerEnergi 和 Nilsson 能源公司一起，玛丽斯塔德市正在建造世界上第一座太阳能本地制氢工厂。来自太阳能的能量转化为电力，电解水制氢，氢气主要用于燃料电池车辆的加注和动力储罐设施。如有必要，它也可以作为电网的动力储备。

这是瑞典的第五座加氢站，这个加氢站既用于能源系统的开发，也用于燃料电池电动汽车的加注。瑞典政府将整个加氢站及其周边设施共同设计，建设成为一座新能源公园。

现在，新能源公园建设确保了氢气完全可再生且不带来二氧化碳排放，被联合国教科文组织认定为可持续发展（生物圈）的国际示范区。在此框架内，新能源系统的测试和示范场地并行建设，其中太阳能氢气是重要组成部分。科学家们还将为城市内外的产业更新和发展创造条件。

通过阅读这个小新闻，你和你的小伙伴一定有一些自己的思考和问题吧，请拿起手中的笔一起记录下来！

我的思考：

我的问题：

探究行动

通过对氢能相关新闻的阅读，同学们已经逐渐对氢能产生了兴趣，让我们来设计一个实验，看看氢能的威力。

“冰清玉洁”的氢能

我们知道氢能是一种清洁能源，可以直接燃烧供人们使用，那你知道氢能燃烧之后生成的是什么物质吗？给大家一点小小的提示，是生活中很常见，并且在科学课上学习过的物质。请把你的推测尝试写下来。

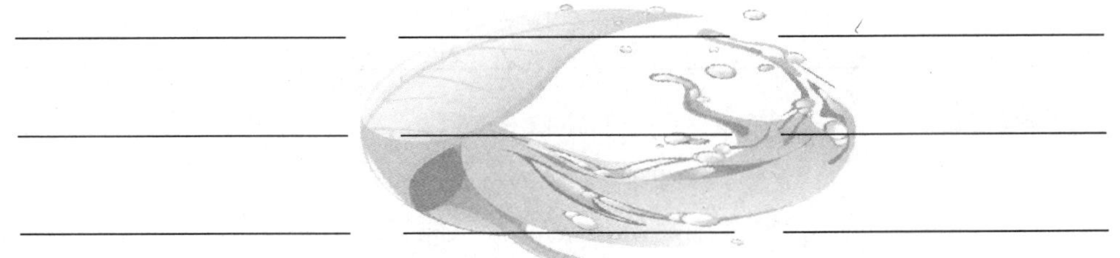

嘻嘻，验证猜想最好的方法就是动手试验了，快来试一试吧！

实验材料：

序号	材料	数量	用途
1	氢气	半瓶	
2	火柴	1 盒	
3	试管	1 个	
4	烧杯	2 个	
5			

注：自己选择材料，并知道为什么选择它们。

实验步骤：

①点燃集气瓶中的氢气，观察实验现象。
②在火焰上方罩一个干而冷的小烧杯。
③火焰熄灭后用手轻轻触摸烧杯。
④观察烧杯内壁。

氢能虽好，实验时也要注意安全，看到了实验步骤，你能想一想还有什么安全注意事项需要提醒大家吗？

实验现象：

实验结论：

从同学们的汇报中，你有什么新的发现？或者为了观察得更明显，你有什么好的建议？

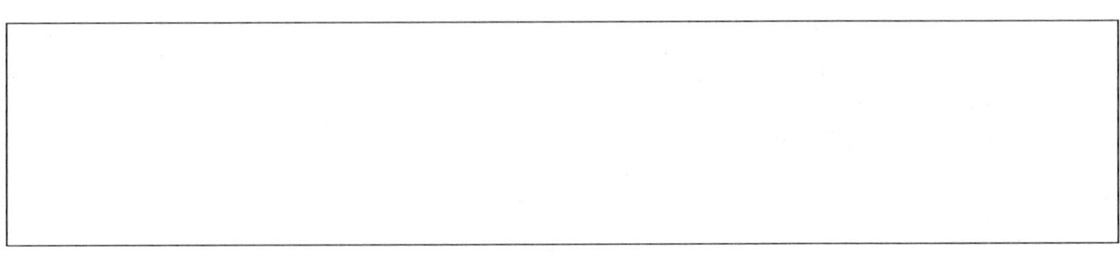

在小组讨论中肯定有同学提到了氢气的纯净度问题，那么如何制取纯净的氢气呢？请回忆一下学过的知识，看看能不能给你启发。

创意设计

1.“智取”氢能

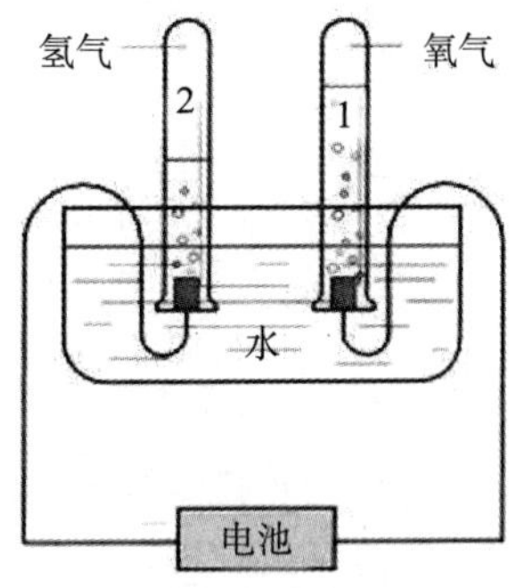

其实生活中获取氢气最简单最直接的方法就是电解水实验了。相信这个实验一定难不倒大家，可是同学们，你能想办法把这个实验和我们的新能源联系到一起吗？你能不能利用从书中学到的新能源来代替电池呢？

想必同学们一定想到了很多种新能源，就让我们选择其中比较常见的太阳能来尝试一下。

想一下，利用太阳能电解水都需要哪些实验材料？

实验材料：

序号	材料	数量	用途
1			
2			
3			
4			
5			
6			

注：自己选择材料，并知道为什么选择它们。

草图：

设计图：

实验效果怎么样？可以如何改进？

这下你不再质疑氢能的清洁性了吧，也学会了如何制取氢气。那么人们又是如何将氢能转化成电能的？让我们来进一步研究一下吧。

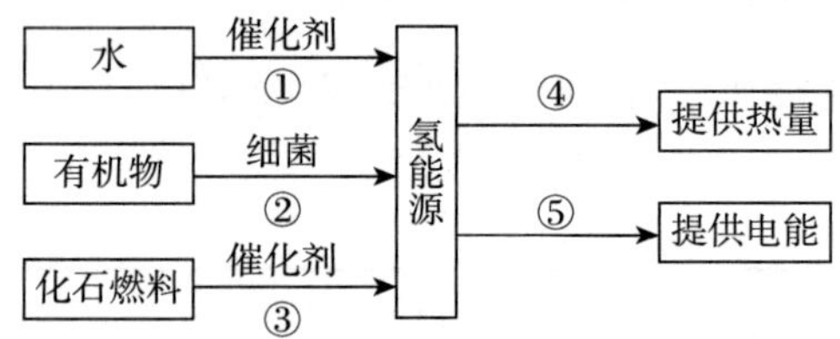

2. 氢能发电

作为一种还比较新兴的能源，世界各地都在大力开展研发氢能发电，日本就是一个走在前列的国家。

日本建成世界首个氢能市政供电设施

日本川崎重工业公司和大型建筑公司大林组

共同建设的氢能发电设施 2017 年底在神户市落成。这是世界上首个向市政设施供应电力和热能的氢能发电设施，产生的电力和热能主要供应给周边的医院、体育中心等 4 个市政设施。

由于氢气燃烧后不产生二氧化碳等温室气体，因此其作为新一代清洁能源备受关注，日本经济产业省曾提出到 2030 年前后所有发电厂正式引进氢气发电的目标。

氢能膜燃料电池是一个利用氢气和空气中的氧气，把化学能直接转换成电能，而在能量转换过程中既无污染又无噪声的发电装置。

这么神奇的过程，你想不想自己动手尝试一下呢？

知道了氢能是如何发电的，让我们来制作一个氢能发电的简易装置吧。

实验材料：

序号	材料	数量	用途
1	再生电池	2 个	
2	底座	3 个	
3	LED 灯模块	若干	
4	导管	6 根	

注：自己选择材料，并知道为什么选择它们。

实验组装：

实验现象：

我的思考：

①纯净水和矿泉水哪个让简易装置的小灯更亮？
②要设计氢能发电模型，还需要考虑哪些因素？
③____？

工程产出

我们已经了解了氢能发电的原理，接下来请以小组为单位接受新的挑战吧！共同设计并制作一个将氢能转化为机械能的小车，虽然有一些难度，但是相信通过小组同学的团结合作一定可以成功。

江苏如皋创设氢能汽车

氢燃料电池汽车呈流线型，电池藏在车顶尾部，一次加满 13 公斤氢气，汽车的动力装置能把氢的化学能转换为机械能，可行驶 400 公里。

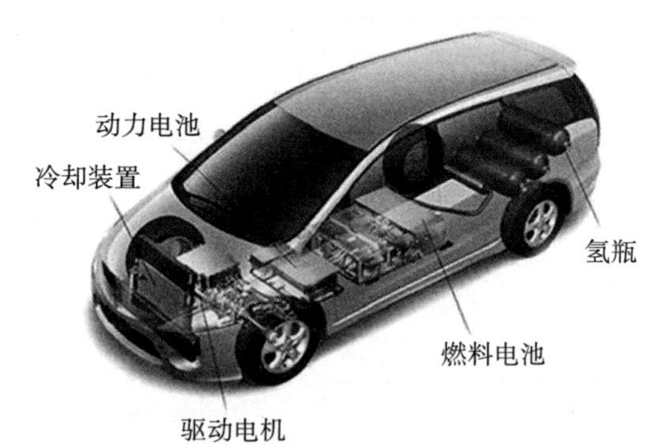

草图：

设计图：

设计材料：

序号	材料	数量	用途
1			
2			
3			
4			
5			
6			

注：自己选择材料，并知道为什么选择它们。

设计评价：

评价 1：

评价 2：

努力制作的模型来之不易，赶快和自己的作品拍张合影，秀一秀吧！

我们学习了关于氢能的一些知识，下面梳理一下关于氢能的报道。

2018 年 2 月，韩国建立氢能社会的计划方案

目前，韩国化石燃料能源系统有如下问题。

环境污染：韩国二氧化碳排放量为世界第 7。

巴黎协议中所规定的减少二氧化碳的任务：2030 年减少 37%。

能源不平等性：93% 依靠外国能源。

细粉尘过度排放：2016 年有 258 天空气污染。

过度集中的供电：紧急情况时存在能源安全问题。

使用氢能可以很好地解决上述问题。

代替化石燃料，运用可再生能源发电产生氢气而不是二氧化碳。

氢气以水作为原材料，可以达到能源自由的目标。

氢气在压缩时只排放水，燃料电池汽车可以达到清洁空气的效果。

不像海洋能、风能等新能源那样受地理因素限制，氢能无处不在，可以为能源种类贫瘠的地区贡献力量。

氢能可以作为能源过渡的补充，解决能源传输过程中电力传输的限制。由于可再生能源发电在白天—夜间与夏季—冬季有很大偏差，大量氢能可以存储很长时间，因此可以作为可再生能源发电的中间补充。

目前，韩国潜在经济增长率正在稳步下降（当前在 3% 左右）。氢能产业可以在“生产—储存—供应—应用”价值链中创造价值，给社会创造巨大的正面效应，并且可以产生副产品，如水、氧气及热能。

看过这个新闻，氢能还有什么吸引你的地方吗？快写下来，然后和你的小组伙伴一起讨论一下吧！

展示交流

氢能燃料电池车辆的研发和上路运行在国内外都引起了广泛关注。近两年，国内一些地方和企业积极参与氢能车辆的开发研究，相关产业持续升温。但氢能产业的加速发展应提倡多元应用，可包括氢能燃料电池车辆、氢能燃料电池发电、分布式氢能系统、燃料电池热电联供、氢储能系统等的研发、示范或商业化运营等。多元应用的发展、各种应用类型的相互补充，必将加速氢能产业的发展进程。随着氢能应用规模增大，其社会效益、经济效益和环境效益更加凸显，社会各界对“氢能”的认知度将进一步提升。

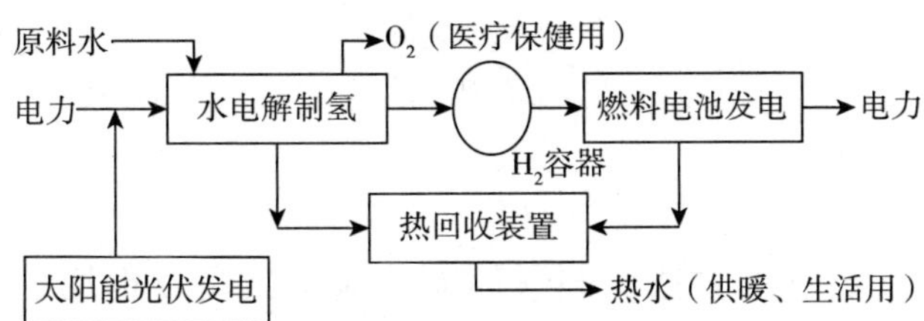

1. 创意对话

对话 1：

对话 2：

对话 3：

2. 成果展示

依据不同制取氢气的方法，同学们能不能尝试设计更加多样化的氢能小车呢？快来听一听同学们的汇报，从中又得到哪些新的启发？

成果展示 1：

成果展示 2：

3. 自我反思

同学们制作的氢能小车肯定让你“眼前一亮”。由此你有哪些新的想法和构思？请梳理到下面的思维导图中。

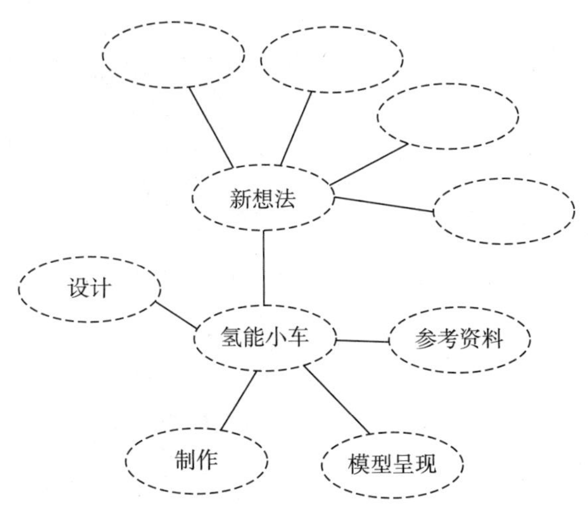

社会服务

虽然氢能是真正清洁无污染的新能源，具有开发地点不受限制等优点，但是我们也要客观地看待它的不足。

氢能生产成本偏高。现在还不能低成本地大量生产氢气，把化石能源和电力换成氢能，在经济上和资源利用上还难以实现。

没有安全可靠的储氢和输氢方法。由于氢的扩散能力强，易气化、着火、爆炸，因此，妥善解决氢能的储存和运输问题也是开发氢能的关键问题。

你怎么看待氢能？

世界最大的燃料电池电站位于韩国 Hwaseong，距离首尔 1 小时车程，每年可以产生 440 兆瓦的电能，站内配备 21 座 2.8 兆瓦的燃料电池，每座燃料电池占地面积有一个篮球场大，这些燃料电池足以为 135000 户家庭提供电力。

苹果公司将在夏洛特北部建设 4.8 兆瓦氢能燃料电池站点。根据美国能源情报处的最新报告，建设燃料电池电站的耗资为每兆瓦 670 万美元，预计苹果公司的项目规模在 3000 万美元。这将是美国非电力公司建设的最大的燃料电池站点。站点将由 24 个燃料电池模块组成，将通过重整天然气的方式获取氢气。预计后期将引入垃圾填埋场生产的甲烷或者气体生物沼气，进一步减少天然气的使用。

想必同学们被这五花八门的装置所吸引，你还能搜集到哪些利用氢能的新方法？能记录下来和大家分享一下吗？

就环境保护和市场需求而言，洁净和成本是两个关键参数。仅有洁净而成本过高就没有市场，因此，降低氢能的利用成本成为当务之急。那我们有没有办法最大限度地发挥其优点，减少其不足带给我们的影响呢？请将你们的想法写在下面的方框中。

主题 8　令人“又爱又恨”的核能

我不爱武器，我爱和平，但为了和平，我们需要武器。假如生命终结后可以再生，那么，我仍选择中国，选择核事业。——邓稼先

伴随着一声巨响，壮丽的蘑菇云升向天空，你有什么感触？有人感叹这如世界末日般的景象，认为它是毁灭世界的力量。有的人惊叹核能量的巨大，认为核能是人类最具希望的未来能源之一，把解决资源问题的希望寄托在这个能源世界的巨人身上。

自从 1938 年德国科学家奥托·哈恩用中子轰击铀原子核，发现了核裂变现象开始，人们从来没停止过对核能的探索。

到底什么是核能呢？它为什么让人又爱又恨呢？又是如何应用的？还犹豫什么？让我们去探索吧！

核能

核能（Nuclear Energy）是人类历史上的一项伟大发现。从 19 世纪末英国物理学家汤姆逊发现电子开始，人类逐渐揭开了原子核的神秘面纱。经过科学家们的不断研究，1942 年 12 月 2 日，美国芝加哥大学成功启动了世界上第一座核反应堆。目前人类已经将核能运用于军事、能源、工业、航天等领域。

核能的能量

1 千克标准煤燃烧，可以释放出 29260 焦耳能量；1 千克石油燃烧，可以释放出 418000 焦耳能量；1 千克铀 235 发生核裂变，可以释放出 685.5 亿焦耳能量；1 升海水中含 30 毫克氘，而 30 毫克氘进行核聚变产生的能量相当于 300 升汽油燃烧释放的能量。

核能的形式

①核裂变：较重的原子核分裂释放出能量。在核反应堆中，这种能量已能控制和利用。原子弹和目前大多数核电站都应用核裂变的原理。

②核聚变：较轻的原子核聚合在一起释放出能量。氢弹就是应用核聚变的原理制成的。

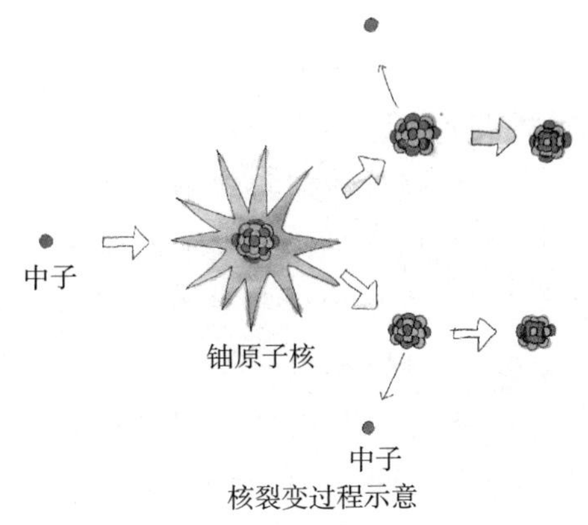

核裂变过程示意

核反应堆

核反应堆是能控制核裂变反应，以实现核能利用的装置。简单来说，其工作原理就是先烧开水再驱动轮机。只不过不用火烧，而是用核反应堆。核反应堆依靠核裂变或核聚变提供能量。与原子弹、氢弹不同的是核燃料的浓度不高，反应频率较慢，不会瞬间爆炸，而是慢慢放热，通过调节控制棒插入反应堆的深度，控制核燃料反应的频率与规模，从而控制整个反应堆的热能输出。

核反应堆分类

①沸水反应堆：用产生的热能烧开水，再用产生的蒸汽直接驱动汽轮机。

②压水反应堆：把烧出来的热水先进行加压，使之在高温下不沸腾，然后套一层隔离装置再烧另一壶开水，用第二次循环产生的蒸汽驱动汽轮机。

第一台核反应堆——芝加哥一号堆

学习目标：

1. 通过玩碰碰球游戏，初步了解核裂变能、核聚变能的原理。
2. 通过风车转起来的实验，初步了解利用核能发电的原理。
3. 应用所学知识制作简易核反应堆模型，培养学生合作能力、沟通能力、制作能力。
4. 了解核能的应用对人类的重要意义以及核安全的重要性。
5. 了解国内外科学家艰辛的研究过程和科学严谨的研究精神。

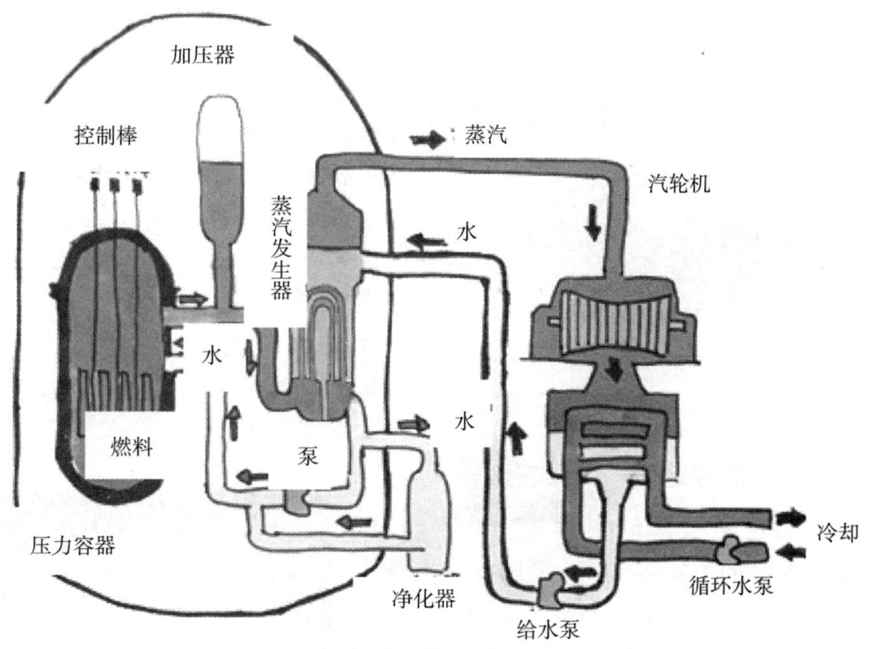

压水反应堆示意

核能看似高深莫测，却与我们的生活息息相关，同学们来看看吧！

核能供热

核能供热是以核裂变产生的能量为热源的城市集中供热方式。这种方式能消除烧煤造成的环境污染，减少冬季取暖季雾霾的困扰。与同功率的燃煤锅炉相比，每年核燃料的运输量仅约为煤量的十万分之一，所以燃料成本较低。右图为核供热系统示意。

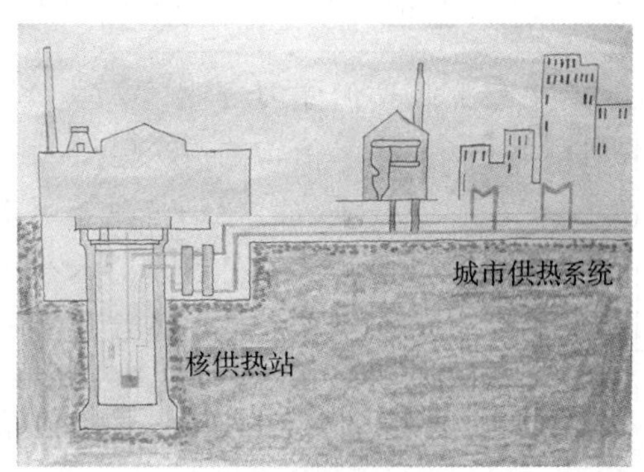

核供热系统示意

核能汽车

美国科学家制造了以核燃料“钍”为电力的核能汽车——凯迪拉克“WTF”。与“铀”相比，“钍”的藏量丰富，状态稳定，只要经过加热就可以生成高热能。只要区区 8 克，就相当于 27 万升的汽油，足以让悍马车跑 155 万公里，几乎是只要加一次这样的汽油，就能使用到车子坏掉，最重要的是，完全不会产生废气。

太阳能量的源地——核反应区

核反应区是太阳的中心区。其半径占太阳半径的 1/4。它是整个太阳(也是太阳系)的能量源地。此处不断地进行剧烈核聚变反应，产生巨大能量。据推算，每秒钟有 6 亿吨的氢通过热核聚变反应变为 5.96 亿吨的氦，并释放出巨大的能量，正是这巨大的能量带给我们光和热。

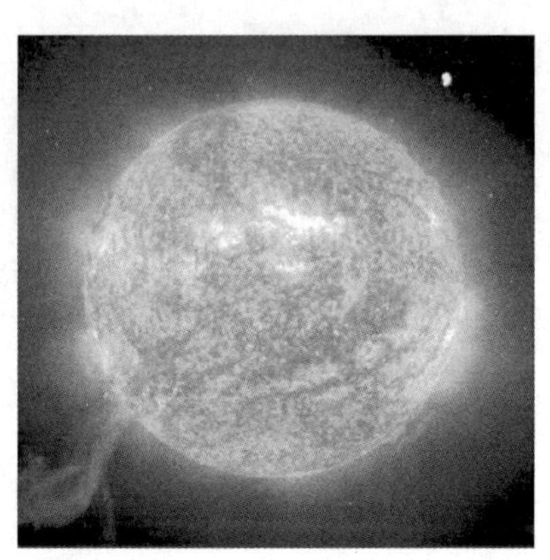

我们在课堂上也学习过核能的内容，同学们找找看吧！

语文课上： 我们学习了《邓稼先》一课。核试验充满危险，但老一辈科学家依旧奋不顾身，在那么艰苦的条件下，还取得了巨大的成功。同学们有没有被科学家的研究精神所感染呢？

科学课上： 我们了解了核能。人们利用核能发电解决了能源问题。同学们有没有被强大的装置震撼呢？

人们在不断研究和应用核能，让我们通过网络来找一找吧！请把你感兴趣的信息，记录在下面的空白处！

海洋核能迎来新机遇

核裂变利用的燃料是铀。陆地上铀的储藏量并不丰富，而在海水中，却含有丰富的铀矿资源。据估计，海水中溶解的铀可达 45 亿吨，相当于陆地总储量的几千倍。如果能将海水中的铀全部提取出来，所含能量可保证人类几万年的能源需要。从 20 世纪 60 年代起，日本、英国、德国等先后着手研究从海水中提取铀。日本已建成年产 10 千克铀的工厂，一些沿海国家也计划建造更大规模的海水提取铀工厂。

核聚变利用的燃料是氘和氚。海水中，氘的总量约为 45 万亿吨。每升海水中所含的氘完全聚变所释放的能量相当于 300 升汽油燃料的能量。按世界消耗的能量计算，可用几百亿年。

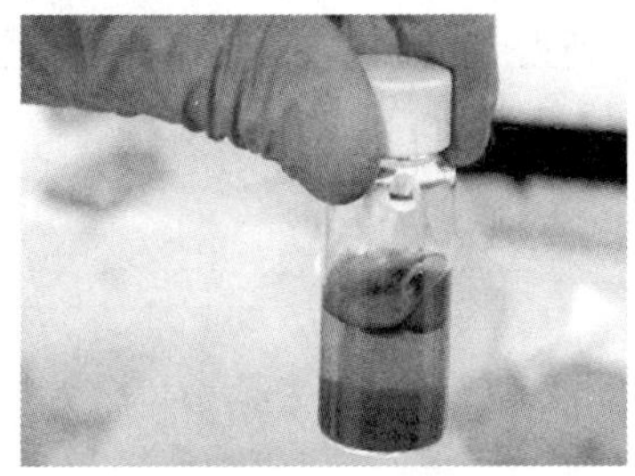

****

月球核能

20 世纪 60~70 年代，美国阿波罗宇宙飞船登月时，带回 368.194 千克的月球岩石和尘埃。科学家将月球尘埃加热到 1600℃左右时，发现有氦等物质。经过分析鉴定，月球上存在大量的氦 –3。采用氦 –3 聚变来发电，会更加安全，不会产生辐射，不会危害环境。氦 –3 是清洁、安全和高效的核聚变发电燃料，被科学家称为“完美能源”。氦 –3 在地球上特别少，根据月球探测的结果，月球上的氦 –3 含量估计约 100 万吨以上，可以为地球提供几万年用的核电。

****

核能海水淡化

核能海水淡化是利用核能作为蒸发动力进行海水淡化的方法。目前世界上大型海水淡化厂，约有 90% 采用蒸馏原理。因此，若将核动力工厂与海水淡化工艺相结合，既能提供电力，又能提供淡化海水所需的热能。

****

核能作为能源家族的新成员，同学们对它是否充满好奇，是否也想进一步了解核能及其相关知识呢？让我们利用思维导图来梳理一下吧！

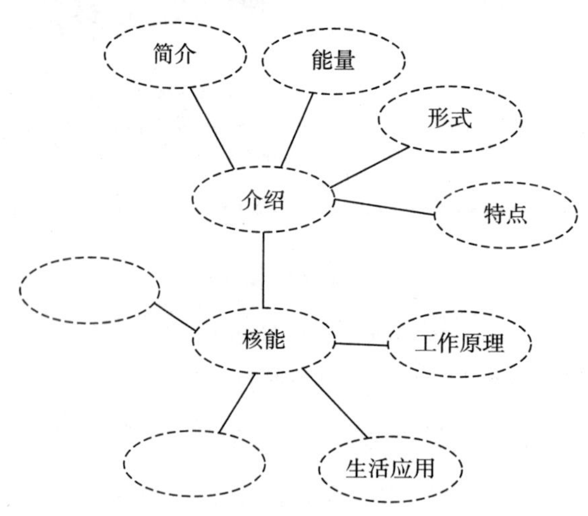

探究行动

通过前面的学习，同学们有没有被核能巨大的能量震惊到呢？核能的原理是怎样的？人们又是如何利用核能的？我们先来玩一玩，体验一下吧！

活动 1：碰碰球

准备材料：若干个小金属球、若干个能打开的塑料球。

游戏规则：

①打开塑料球，把 4 个小金属球放到塑料球中，并将塑料球合并完整，称为实验球。
②用一个金属球碰撞实验球，碰撞后实验球打开，4 个新的金属球散落出来。并记为第 1 次碰撞。
③再用所有新金属球同时碰撞新的实验球，并记为第 2 次碰撞。依此类推。
④每个金属球只能碰撞一个实验球，然后就停止不再碰撞了。

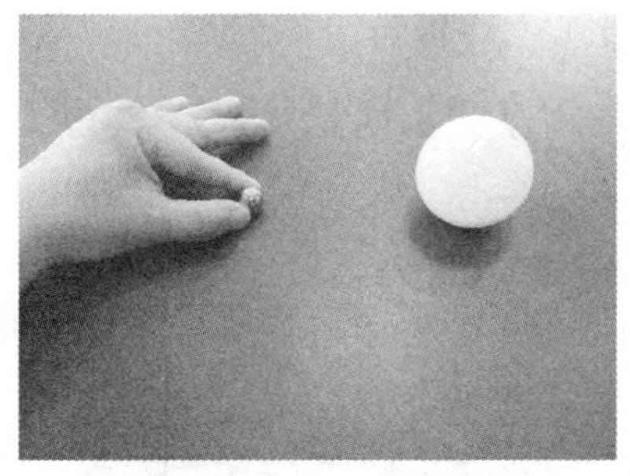

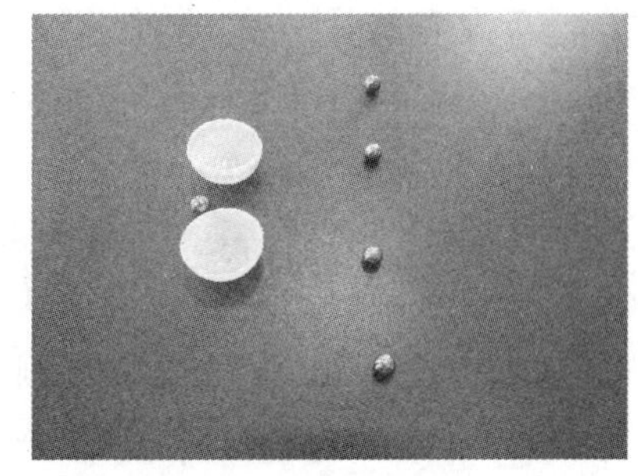

请同学们玩一玩！每次碰撞时，有几个实验球被撞击？请记录下来。

找一找有什么数学规律吗？

活动记录：

我的发现：

在活动中，我还知道了……

同学们有没有被刚才的增长速度震惊到呢？如果每一次碰撞实验球都能产生能量，几次碰撞之后，产生的能量该是多么惊人啊！核裂变就是这样的过程。

铀是原子序数为 92 的元素，其元素符号是 U，是自然界中能够找到的最重元素。铀 235 是铀元素里中子数为 143 的放射性同位素，是自然界至今唯一能够裂变的同位素，主要用作核反应中的核燃料，也是制造核武器的主要原料之一。

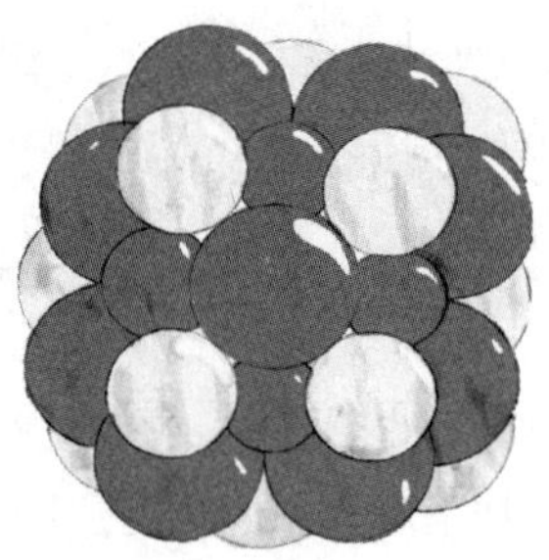

铀 235 原子核示意

注：深色球代表质子，浅色球表示中子。

铀裂变在核电厂最常见，中子轰击铀核，铀核能够分裂并形成较轻的核，就会有能量释放出来，同时会放出 2~4 个中子，中子再去撞击其他铀核，依此类推而发生链式反应。如果铀核的数量足够多，产生的能量是巨大的。这就是原子弹和用于发电的核反应堆（通过受控的缓慢方式）的能量释放过程。

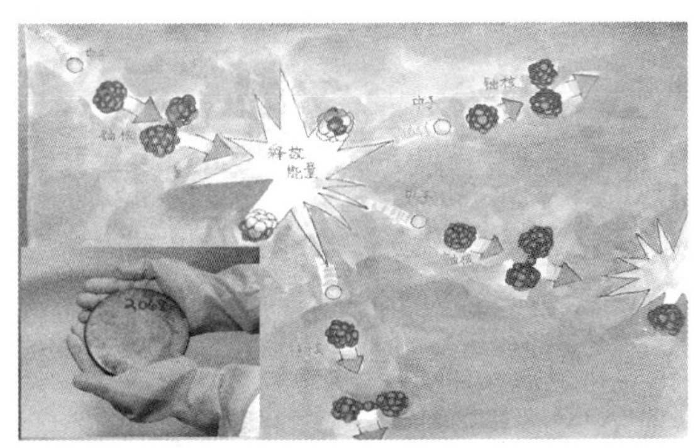

铀 235 裂变示意

“原子弹之父”——奥本海默

1942 年 8 月，奥本海默被任命为研制原子弹的“曼哈顿计划”的首席科学家。在新墨西哥州沙漠建立洛斯阿拉莫斯国家实验室。1943 年，有 4000 名科学家进驻洛斯阿拉莫斯，著名的科学家费米、波尔、费曼、冯·诺依曼等大师级物理学家皆在其内。洛斯阿拉莫斯实验室成功地制造了第一批原子弹，随后在阿拉莫戈多沙漠上空引爆，发出耀眼的光芒，冒起巨型蘑菇云。

说完核裂变，我们再看看威力更大的核聚变。核聚变，即轻原子核（如氘和氚）结合成较重原子核（如氦）时放出巨大能量。相比核裂变，核聚变的放射性污染等环境问题少很多。其原料可直接取自海水，来源几乎取之不尽，因而是比较理想的能源取得方式。但是核聚变不易控制，所以目前没有应用核聚变的发电站。

氘（Deuterium），氢的同位素。与氢原子核一样有一个质子，但是氢没有中子，氘原子核中有一个中子，也被称为重氢。

氚（Tritium），氢的同位素。它的原子核由一个质子和两个中子组成，也被称为超重氢。

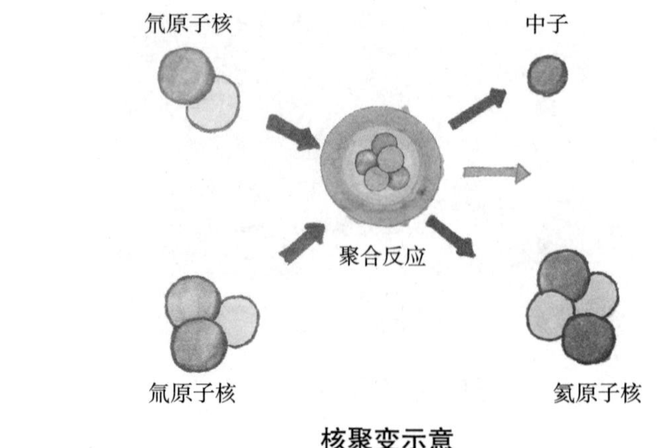

核聚变示意

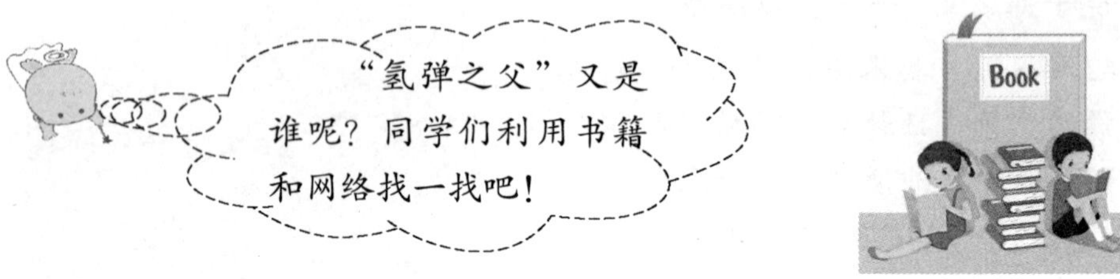

活动 2：转动的风车

了解了核能的原理，人们是如何应用核能发电的？我们先做一个简单的实验，看能否从中找到答案。

实验材料：

序号	材料	数量	用途
1	圆底烧杯	1个	
2	插有玻璃管的胶塞	1个	
3	盛有水的烧杯	1个	
4	纸质小风车	1个	
5	酒精灯	1个	
6	铁架台	1个	
7	石棉网	1个	
8	铁圈	1个	
9	盛有水的废物盒	1个	
10	湿抹布	1块	
11	火柴	1盒	

注：选择材料，还要了解为什么选择它们。

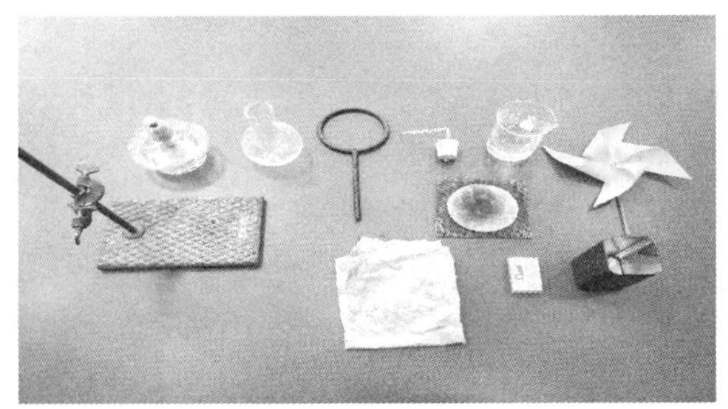

实验步骤：

①将水倒入圆底烧杯中，用带有玻璃管的胶塞塞紧。
②将铁圈固定在铁架台上，把酒精灯放到铁架台上，把石棉网放到铁圈上。
③将圆底烧杯放到石棉网上，点燃酒精灯。
④将小风车放到玻璃管的一端，观察现象。

实验现象：

使用酒精灯要注意安全哦！

分析与解释：

实验现象及结论：

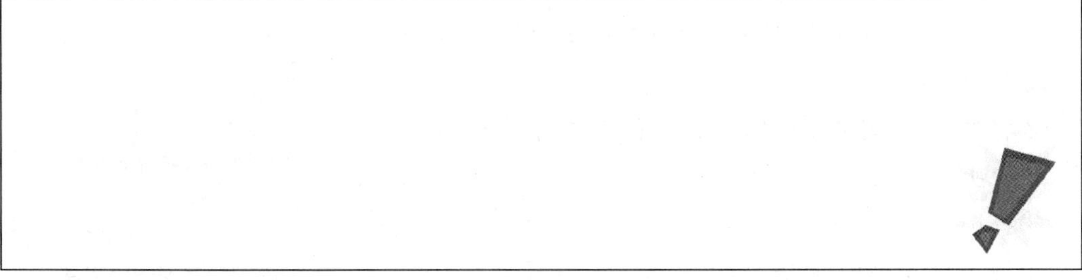

核能发电的原理和刚才做的实验很相似，我们一起来看看吧！

核能发电是利用核反应堆中核裂变所释放出的热能进行发电。它与火力发电极其相似。以核反应堆及蒸汽发生器来代替火力发电的锅炉，以核裂变能代替矿物燃料的化学能。在蒸汽发生器中用产生的热量加热水，形成蒸汽，再经汽水分离并干燥后，直接推动汽轮发电机使其发电。

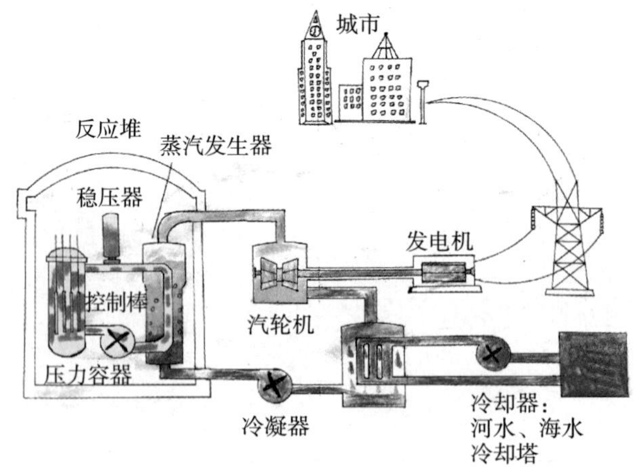

核能发电原理示意

核能发电的优点

①核能发电不会排放巨量的污染物质到大气中，也不会产生加重地球温室效应的二氧化碳气体。

②核反应产生的能量巨大，但在发电的成本中，燃料费用所占的比例较低。

③核能发电所使用的铀燃料体积小，运输与储存方便。

我国都有哪些核电站呢？我们来看看吧！

秦山核电站

秦山核电站是中国自行设计、建造和运营管理的第一座核电站，地处浙江省嘉兴市海盐县。经过多次扩建，现有的 9 台机组全部投产发电，总装机容量达到 656.4 万千瓦，年发电量约 500 亿千瓦时，成为目前国内核电机组数量最多、堆型最丰富、装机最大的核电基地。

石岛湾核电站

石岛湾核电站是中国拥有自主知识产权的第一座高温气冷堆示范电站，也是世界上第一座具有第四代核能系统安全特性（核能的可持续利用、经济性、安全与可靠性及防扩散与实物保护）的模块式高温气冷堆商用规模示范电站。

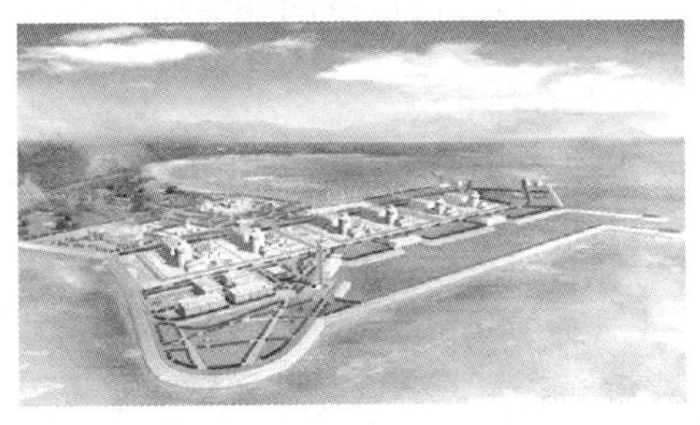

同学们可以上网查一查我国核电站的分布情况，找一找都在什么位置呢？你能利用所学知识说说为什么建在这些位置吗？

人文鉴赏

1960 年，苏联中止了原有协议，将 200 多名苏联专家全部撤走回国，并且把重要的图纸资料全部带走。中共中央下决心自己动手，研发核能。核工业战线的广大职工顶住压力，奋发图强，先后排除了数千个技术难题，尤其是有的技术难题在相当陌生的情况下，认识再认识，攻关再攻关，取得了一个又一个的成果。1964 年 10 月 16 日，中国取得了第一颗原子弹爆炸试验成功的辉煌成果。

这个时期正是我国经济困难时期，尤其是粮食严重短缺。核武器研究院的广大科技人员，同样也是度过了忍饥挨饿、身体浮肿的艰苦岁月。科研人员经常吃不饱就要开始工作。有时，我国的“两弹”元勋邓稼先用自己不多的粮票想办法买几包饼干，每人分上两块。

核试验基地远在新疆罗布泊，几十万人在那里从事科研工作和基建工程。那里地处戈壁，客观条件本来就很差，在国家经济最困难的时候，曾出现过断炊的现象。这可是雪上加霜，罗布泊本来植物就很稀少，可以吃的如榆树叶子、沙枣树籽，甚至骆驼草，几乎都被人们拿来充饥了。

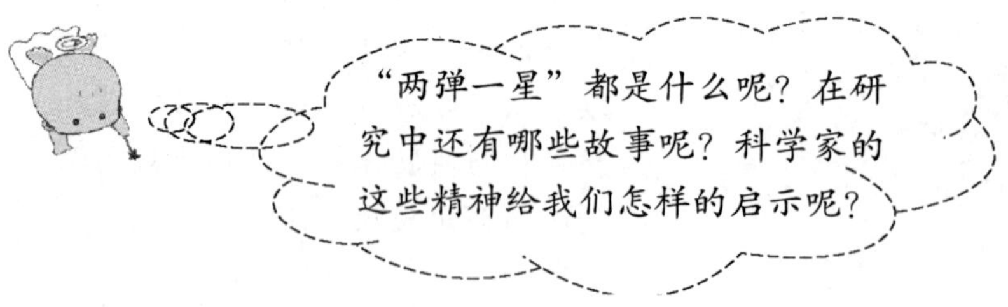

创意设计

核材料很危险，不过我们能用其他材料模拟。

核反应太奇妙了，我们来做个核能发电的模型吧！

实验材料：

序号	材料	数量	用途
1	生石灰（氧化钙）	30 克	
2	蒸馏水	100 毫升	
4	药匙	1 个	
5	滴瓶	1 个	
6	温度计	1 支	
7	黑色金属罐	1 个	

注：自己选择材料，并知道为什么选择它们。

实验步骤：

①用药匙往黑色金属罐中加入 10 克左右的生石灰。
②用滴管往黑色金属罐中加入少量蒸馏水。
③观察现象并用手触摸黑色金属罐外壁。
④测量黑色金属罐内的温度并记录下来。

实验记录：

我的思考：

①这个装置能模拟核反应堆中的哪个部分呢？
②设计一个核反应堆模型，还需要考虑哪些因素？
③________________________________?

基于我们所了解的核能发电原理，接下来以小组为单位共同设计并制作核能发电模型吧。小组讨论后把你们的想法画在下面。

草图：

研究设计图：

工程产出

实验材料：

序号	材料	数量	用途
1			
2			
3			
4			
5			

注：自己选择材料，并知道为什么选择它们。

准备好了实验材料，那就让我们了解一下制作过程，并将制作步骤梳理到组装步骤中（在制作过程中，注意工具的安全使用）。

组装步骤：

①______________________________

____

②______________________________

____

③______________________________

____

④____

____

⑤____

____

设计评价：

评价 1：

评价 2：

评价 3：

努力制作的模型来之不易，赶快和自己的作品拍张合影，秀一秀吧。

在制作过程中，你有哪些发现？

展示交流

核电站在高效的基础上更加注重安全性。目前大多数核电站采用第三代核技术，这种技术是如何提高安全性的呢？请你查找资料，并记录在下面的方框内。你能在你的模型中体现这种技术吗？

依据核电站的安全性，同学们对模型进行了设计和改进，快来听一听同学们的汇报，从中得到哪些新的启发？

同学们制作的核能发电模型，肯定让你“眼前一亮”。你又有哪些新的想法和构思呢，请梳理到下面的思维导图中。

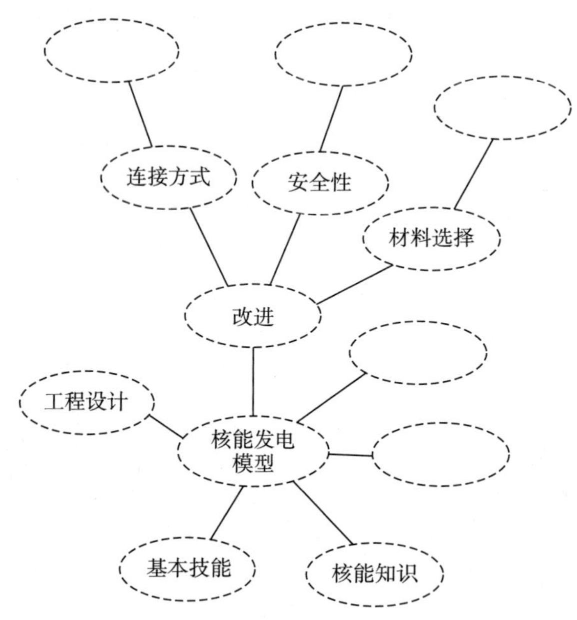

社会服务

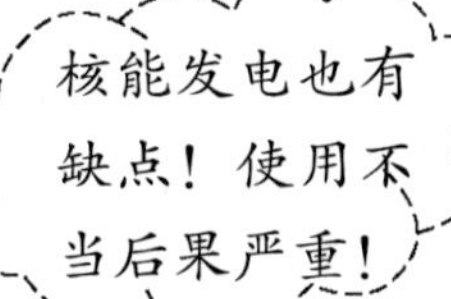

核能发电有这么多优点，太赞了！

切尔诺贝利事故

1986 年 4 月 26 日，在乌克兰苏维埃社会主义共和国境内的普里皮亚季市，切尔诺贝利电站第 4 发电机组爆炸，核反应堆全部炸毁，大量放射性物质泄漏，成为核电时代以来最大的事故。辐射危害严重，导致事故前后 3 个月内有 31 人死亡，之后 15 年内有 6 万~8 万人死亡，13.4 万人遭受各种程度的辐射疾病折磨，方圆 30 公里地区的 11.5 万多民众被迫疏散。

福岛核事故

2011 年 3 月 11 日，日本东北太平洋地区发生里氏 9.0 级地震，该地震导致福岛第一核电站受到严重的影响，核电厂的放射性物质泄漏到外部。截至 2018 年 2 月，已诊断 159 人患癌，34 人疑似患癌。在被诊断为甲状腺癌并接受手术的 84 名福岛县内患者中，约一成癌症复发，再次接受了手术。

你怎么看待核能？

当今，全世界大约 16% 的电能是由核反应堆生产的，有 9 个国家的 40% 多的能源生产来自核能。在这一领域，国际原子能机构作为隶属联合国大家庭的一个国际机构，对和平利用、开发原子能的活动积极加以扶持，并且为核安全和环保确立了相应的国际标准。中国于 1984 年正式成为国际原子能机构成员国。

国际原子能机构相当于一个在核领域进行科技合作的政府间中心论坛。作为一个协调中心，该机构的设立便于在核安全领域交换信息、制定方针和规范以及应有关政府之要求提供加强核反应堆安全和避免核事故风险的方法。国际原子能机构还在旨在确保核技术的运用以求可持续发展的国际努力中扮演重要作用。

国际原子能机构制定了辐射防护标准，并就特定的业务类型颁布了有关条例和业务守则，其中包括安全运送放射性材料方面的条例和业务守则。一旦发生放射性事故，国际原子能机构会立即采取行动，确保向成员方提供紧急援助。

国际原子能机构调查福岛核电站

国际原子能机构设有一个紧急情况反应中心，该中心拥有 24 小时反应能力、训练有素的工作人员以及与全世界 220 个联络点的即时通信能力。

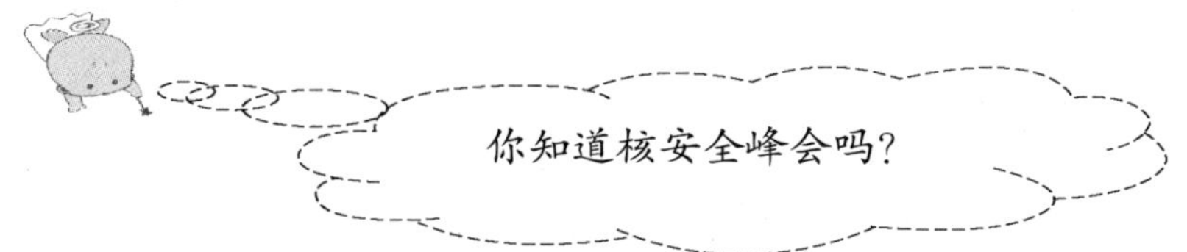

在历史上，发生过多起核事故或者核辐射事故，每次事故都触目惊心。核安全关系到每个国家的利益。不仅如此，在许多地区，核材料缺乏有效的保护，这些物资一旦落入恐怖主义分子之手，可能造成灾难性的后果。全球核安全峰会正是为应对这些问题而召开的。会议凝聚国际社会共识，加强各国在核安全领域的合作。

2010 年 4 月 13 日，首届核安全峰会在华盛顿举行。会议承诺通过负责任的国家行动和持续有效的国际合作，以及强有力的安全措施，减少核恐怖主义威胁。包括中国在内的 47 个国家的领导人或代表以及联合国、国际原子能机构和欧盟等国际和地区组织负责人出席了此次专门就核安全问题举行的多边峰会。

核安全峰会一共开过几届？每届的主题又是什么呢？中国在核安全方面做了哪些贡献？请同学们查阅一下资料，填在下面的空白处吧！

核安全一直被看作我国核能与核技术利用事业发展的生命线。十八大以来，习近平总书记提出了理性、协调、并进的中国核安全观，核安全被纳入国家安全体系，写入了《中华人民共和国国家安全法》。同学们学习了这么多关于核能的知识，对于核安全有什么建议吗？把你的想法写在下面的空白处。

主题 9　我们未来的能源

能源与环境有着十分密切的关系。一方面，人类在获得和利用能源的过程中，会改变原有的自然环境或产生大量的废弃物，如果处理不当，就会使人类赖以生存的环境受到破坏和污染；另一方面，能源与经济的发展又对环境的改善起着巨大的推动作用。

自 2007 年起，我国已成为世界第二大能源生产国和消费国，二氧化碳排放量居世界第二位。由于我国能源结构不合理，能源利用率低，资源严重浪费，进而对环境产生严重的影响，主要有城市大气污染、温室效应、酸雨、核废料问题等。环境污染的问题和能源匮乏的问题，都警示着我们必须去发现新的能源替代原有能源。而新的能源必须是可再生的清洁能源，新能源的开发和利用也标志着我们将走向“未来能源”时代。

迅速增长的生物燃料让我们得到启示：粮食永远伴随人类的一生，那么粮食产生的能量也会永远伴随人类一生。澳大利亚的一家公司就已经从椰子上开始生产能够替代柴油的新能源“椰子油”了。

椰子作为替代柴油的燃料由来已久。在第二次世界大战期间，由于柴油供应短缺，在当时的菲律宾，椰子油就成为一种受当地人喜欢的替代燃料。大约半打椰子就可以生产出与一升汽油能量相当的椰子油。同时，欧洲的国家还在研究如何从葡萄中提炼乙醇。

目前，世界各国都在对未来能源进行广泛的研究，研究的成果既包括发现新的能源品类，以逐步替代日渐枯竭、产生严重环境问题的化石能源，又包括对传统能源的改造，以及从伴随人类一生的粮食中寻找未来可替代石油的能源。

2017 年 5 月 18 日，国土资源部中国地质调查局在南海宣布，我国可燃冰试采获得成功，标志着我国成为全球第一个实现了在海域可燃冰试开采中连续稳定产气的国家。

请你查阅相关的资料并做简单的记录！

我的思考：

我的问题：

学习目标：

1. 了解当下能源的利用情况并知道能源利用的发展趋势。

2. 通过制作可燃冰的分子模型和趣味实验，了解可燃冰的分子结构，培养学生检索资料并探究实验原理的能力。

3. 针对“发现未来能源”这一主题进行头脑风暴，畅想未来能源的新形势。

4. 在了解能源互联网的概念后，对城市能源资源配置进行规划。

5. 通过对家庭用电的调查，了解地球上用电量之大，产生节电新想法，从而对能效电厂有更进一步的认识。

芝麻开门

“可燃冰”是分布于深海沉积物或陆域的永久冻土中，由天然气与水在高压低温条件下形成的类冰状的结晶物质。因其外观像冰一样而且遇火即可燃烧，所以又被称作“可燃冰”。其资源密度高，全球分布广泛，具有极高的资源价值，因而成为油气工业界长期研究的热点。迄今，人们已在近海海域与冻土区发现水合物矿点超过 230 处，涌现出一大批“可燃冰”热点研究区。

想要知道未来能源是什么？“可燃冰”是否属于未来能源？我们先来回忆一下能源的定义。什么是能源呢？请你用思维导图的形式进行总结。

示例：

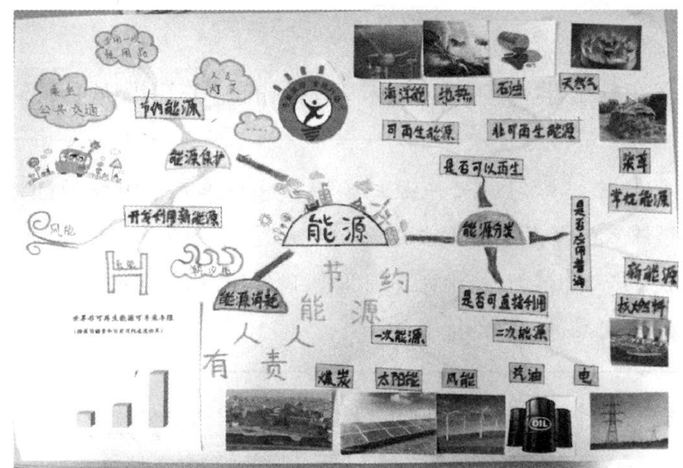

请来画一画：

传统能源满足人们的基本需求，未来能源满足人们对美好生活的追求。传统能源对应的是改变“落后的社会生产”，未来能源要解决“不平衡不充分的发展”问题。社会经济发展方式的转变，推动能源发展从总量扩张转向清洁高效，转变发展方向，转换增长动力，提升服务质量，未来能源会让人们畅享一抹蓝天、一池绿水、一脉青山！

想一想我们在什么学科中接触过未来能源的相关知识呢？

科学课上：我们曾经学习过《能源与生活》这个单元，对能源的概念和分类有了深入的了解，并且知道如何更好地利用能源。

美术课上：我们学习过环保小屋。利用自己对清洁能源的初步认识，制作属于自己的环保小屋。

汉弗莱·戴维爵士（1778 年 12 月 17 日 ~1829 年 5 月 29 日），英国化学家、

发明家，电化学的开拓者之一。17 岁开始自修化学，1799 年，他发现笑气的麻醉作用。在化学上他的最大贡献是开辟了用电解法制取金属元素的新途径，即用伏打电池来研究电的化学效应。1815 年，发明了在矿业中检测易燃气体的戴维灯。

1810 年，他首次在实验室制出笼形水合物。他的这项研究在其后的 100 年里都是研究机构感兴趣的热点。但是这种笼形水合物是否在自然界中存在，当时在科学上是无法证实的。

然而，直到 20 世纪 30 年代，天然气水合物作为油气管道中的工业灾害才开始被人们认识到。

当时，随着天然气开始作为燃料被广泛应用并通过管道输送，一些管道内出现了一种冰的东西堵塞了管道，使得天然气输送受阻；因此，这种冰的东西被认为是工业灾害，后来证实这些冰的东西就是天然气水合物。在其被发现后的几十年里，研究的重点主要是如何阻止天然气水合物在管道及相关设备内形成。

到了 20 世纪 60 年代，研究重点开始发生了变化，因为俄罗斯科学家发现了自然界天然气水合物存在的重大证据。

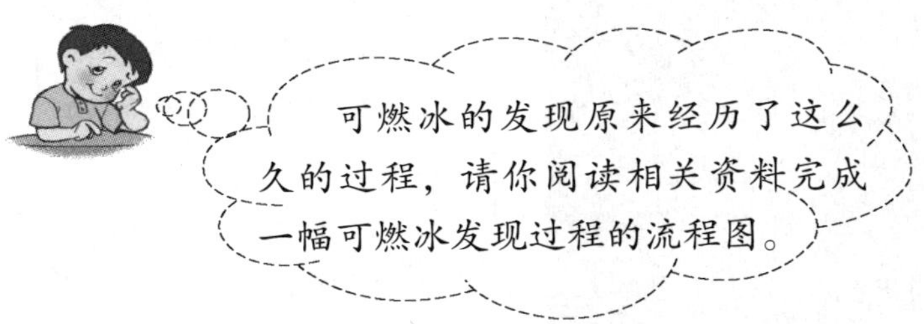

我的流程图：

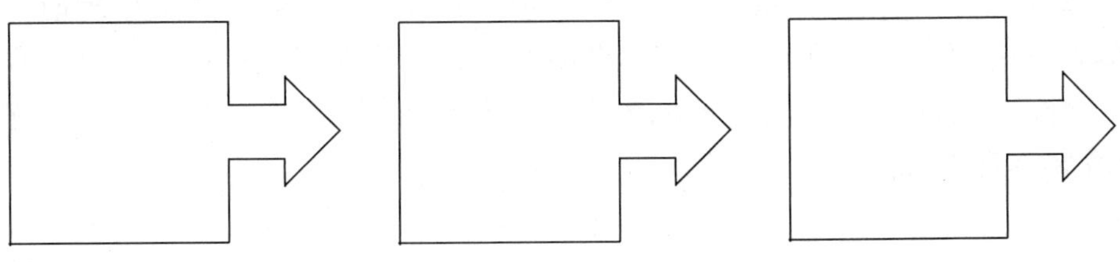

2017 年，中国率先实现“在海域可燃冰试开采中连续稳定产气”，这一进展也成为当年最火的新闻之一。

在关于可燃冰的报道中，最大的乌龙是这样一种说法：“可燃冰的最大特点就是能量密度高。它体积小，却蕴含大量能量。举个例子，一辆使用天然气为燃料的汽车，一次加 100 升天然气能跑 300 公里的话，那么加入相同体积的可燃冰，这辆车就能跑 5 万公里。”

呃，5 万公里是什么概念？！这意味着每百公里只需要 0.2 升的可燃冰，而汽油车的百公里油耗一般在 10 升的量级，也就是说，可燃冰的单位体积能量密度大约是汽油的 50 倍？

可燃冰的化学结构是“甲烷水合物”，即“甲烷分子”被一个一个地包在水分子组成的笼子之中。

在一定条件下，笼子的组成是固定的，因此“甲烷水合物”是一种定比化合物（就是说，“甲烷分子”和水分子的比例是固定的），而不是溶液或者固溶体。

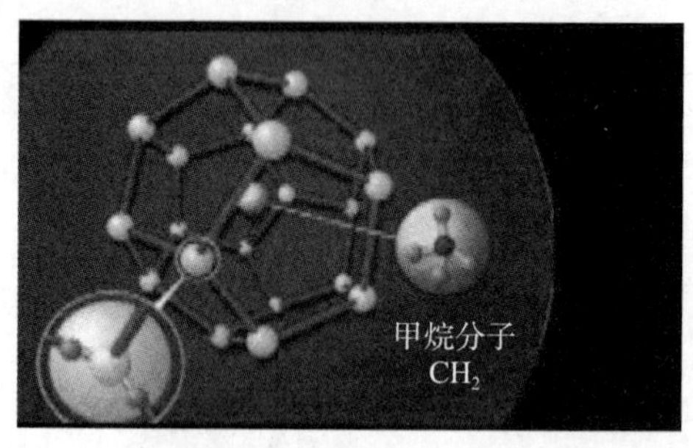

通过对可燃冰的结构进行分析，“可燃冰的能量是汽油的 50 倍”这个说法是不成立的。

2017 年 11 月 22 日凌晨，加注了我国自主研发的生物航空煤油的一架航班，在美国芝加哥平稳降落。这架航班加注的生物航空煤油是以餐饮废油为原料的，也就是我们所说的地沟油。这也是我国生物航空煤油首次跨洋商业载客飞行成功。

加注了中石化 1 号生物航空煤油的海南航空 787 客机，于北京时间 11 月 21 日 14:15 从首都机场起飞。搭载了 186 名乘客和 15 名机组人员，经过 11 小时 41 分钟、11000 公里的跨洋飞行后，于 22 日凌晨北京时间 2 点 11 分平稳降落在美国芝加哥奥黑尔国际机场。

机长孙剑锋：整个飞行过程非常平稳顺利，最大飞行高度已达到 41000 英尺，发动机状态良好，燃油状态良好，完全达到了这次试验飞行的目的。

生物航空煤油，是以可再生资源为原料生产的航空煤油，原料主要包括椰子油、棕榈油等，甚至动物脂肪、餐桌上的废弃油脂，也就是我们常说的“地沟油”等都可以作为生物航空煤油的原料。此次用于跨洋商业载客飞行的中石化 1 号生物航空煤油是以餐饮废油为原料，并以 15∶85 的比例与常规航空煤油调和而成。使用生物航空煤油，可以使飞机在保证原先飞行安全和效率的前提下，有效减少碳排放量。

如果你生活在大城市，那么在不久的将来，你的身体也会成为一种城市能源。人类活动如跑步、散步等都可以产生能量。美国麻省理工学院建筑和规划系的学生詹姆斯·格拉汉姆和撒德尤思·朱思雅克设计出一个可将人行走时产生的能量转化为电能的“概念性城市设计”。在城市里铺设采用压电材料制作的地板，内装动作感应系统，可将行人的每一个行走动作瞬间产生的能量都转换成电能。他们的这种设计可以为未来城市的基础设施照明，是未来城市基础能源的一种很有借鉴意义的新能源替代方法。

没想到人体能量也可以成为最有可能实现的新能源产品之一！

虽然现在人类把绿色能源的目光聚焦在了太阳能、风能和核能这些能源上，但是在我们的地球上还有其他一些可以被人类利用的绿色能源。科学家还在积极努力，探索那些新的能源产品。相信在不久的未来，更惊人、更有吸引力的能源产品就会问世。

探究行动

很多人想象中的可燃冰是白色的，但事实上它们不仅颜色不同，而且形状各异。我国在珠江口盆地东部海域发现的可燃冰就有 5 种形态：块状、薄层状、结核状、脉状以及分散状，而在我国祁连山冻土带，可燃冰的形态呈白砂糖状。

活动 1：制作可燃冰的分子结构模型

可燃冰的组成包括水分子“主体”和气体分子“客体”，通过观察下图不难发现，可燃冰的成分包括水、甲烷、乙烷、丙烷等物质。我们的活动，就是通过模型拼出这些分子，并模拟出可燃冰的结构模型。

水分子

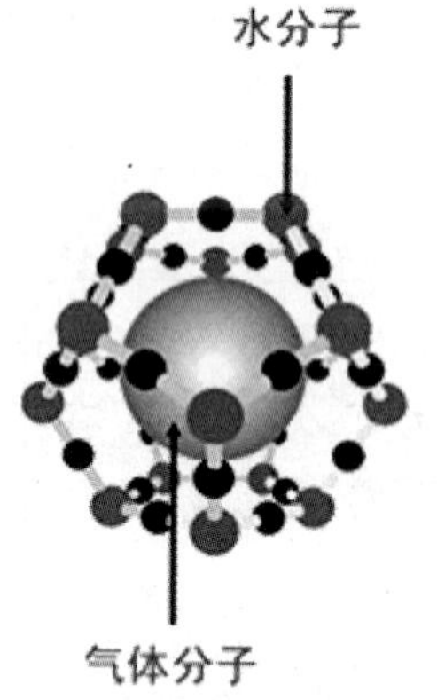

气体分子

水分子“主体”：水—水（氢键）

↓

水分子“笼子”

气体分子“客体”：CH_4、C_2H_6、C_3H_8、O_2、N_2、CO_2、H_2、H_2S……

活动规则：

①黑色圆球表示气体分子，白色圆球表示水分子，白色小棍表示氢键。
②氢键是链接分子与分子之间的化学键，利用所给的材料构建“可燃冰”的分子结构模型。
③自主观察构建好的分子模型。

活动记录：

我的发现：

可燃冰的形成必须具备四个条件。一是温度，生成可燃冰的温度不能太高，也不能太低，适宜温度是 0~10℃，最高限是 20℃。二是压力，形成可燃冰需要足够的压力，但也不能太大，在零度时，30 个大气压以上就可以。三是气源，“巧妇难为无米之炊”，丰富的天然气是可燃冰的重要组成部分。四是适量的水，这也是形成可燃冰不可或缺的成分。四个条件缺一不可。

可燃冰在陆域和海域均有分布，而海底可燃冰的分布范围要比陆地大很多。据科学家大致估计，可燃冰分布的陆海比例为 1∶100，大约 27% 的陆地，包括极地冰川冻土带和冰雪高山冻结岩，以及 90% 的大洋水域是可燃冰的潜在区。陆地可燃冰分布较少是因为除了永久冻土层外，其他地方很少像海底一样具备可燃冰形成的条件，而在海底 300~500 米的沉积物中则可能具备。

活动 2：“可燃冰”的制作

看来可燃冰在陆地上分布的比较少，虽然如此，但是我们能在实验室把“可燃冰”制作出来，不信就赶快来试一试吧！

实验材料：

酒精、饱和醋酸钙、方形容器。

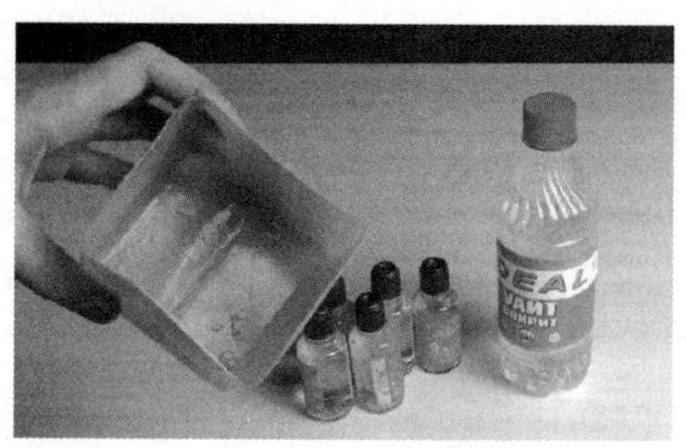

制作方法：

①量取酒精 20 毫升，倒入装有水的方形容器中；
②量取 6 毫升饱和醋酸钙；
③把饱和醋酸钙慢慢加入 20 毫升的酒精中，用玻璃棒不断搅拌，直到变成胶状；
④把胶状的“可燃冰”转移到一个玻璃盘中，点燃。

活动记录：

我的发现：

你知道吗？其实我们刚刚制作的并不是真正的可燃冰。

化学方程式：

$$C_2H_5OH + 3O_2 === 2CO_2 + 3H_2O$$

酒精与水可以任意比例混合，醋酸钙却只溶于水而不溶于酒精。当饱和醋酸钙溶液注入酒精时，饱和溶液的水溶于酒精内，致使醋酸钙溶解速度降低，从酒精溶液中析出，形成半固态的胶状物，酒精充填在胶状物内，点燃胶状物时，酒精便燃烧起来。

在上面的探究活动中我们了解了可燃冰的结构以及模拟制作了可燃冰，现在我们总结一下可燃冰究竟是个什么物质。

可燃冰学名为“天然气水合物”，是由天然气和水在高压低温的条件下形成的类冰状、笼形的结晶化合物，一般形成条件要求：低温、高压、气源充足。因为外观像冰且遇火即燃，俗称“可燃冰”“固体瓦斯”“气冰”，主要分布于深海沉积物或陆域的永久冻土中，甲烷含量高，燃烧污染远小于煤、石油和天然气。1 立方米可燃冰就可以分解释放出 164 立方米的天然气和 0.8 立方米的水，开采可燃冰时，只需将固体的可燃冰升温降压就可释放出大量的甲烷气体。

可燃冰仅由甲烷和水构成，无须净化提炼或其他加工步骤，所以利用时产生的污染比石油以及煤等传统能源小很多，清洁高效，可燃冰燃烧后不产出任何残渣和废弃物，被科学家誉为“属于未来的能源”。

可燃冰甲烷含量高达 80%~99.9%，燃烧污染却比煤、石油和天然气小很多，而且储量丰富，全球储量足够人类使用 1000 年，未来石油天然气的替代能源，极有可能就是可燃冰！

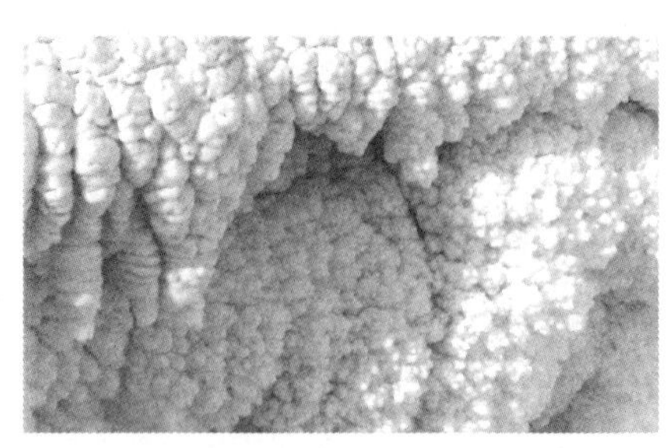

其实，在探究可燃冰的过程中，相信同学们一定对于“未来能源”的意义有了一定的了解，什么能源可以作为未来能源？你们心中有答案了吗？请你写在下面。

人文鉴赏

"地球一小时"

"地球一小时"是世界自然基金会（WWF）应对全球气候变化所提出的一项全球性节能活动，提倡于每年三月最后一个星期六的当地时间晚上 20:30，家庭及商界用户关上不必要的电灯及耗电产品 1 小时，以此来表明他们对应对气候变化行动的支持。过量二氧化碳排放导致的气候变化目前已经极大地威胁到地球上人类及其他生物的生存。只有改变全球民众对于二氧化碳排放的态度，才能减轻这一威胁对世界造成的影响。

相信大家一定对"地球一小时"这样的节约电能活动有自己的看法。

那么，你们知道一个普通的家庭一天的人均用电量是多少吗？我们应该怎样进行调查呢？调查出来的数据怎样分析以及计算呢？请你和小伙伴一起制定一份家庭用电调查方案。

家庭用电调查方案

调查目的：

通过采访居民，了解家庭用电情况；

通过记录自己家庭每月的用电情况，计算出人均用电情况。

调查方法：

我们选择____________________________________方法。

（问卷调查、采访调查、专家访谈调查、统计调查、文献调查等）

调查计划：

请同学们以小组为单位，一起讨论确定成员分工，制定计划，做好调查准备。

小组成员：

成员分工：

采访记录：

用电情况统计记录：

调查过程：

选择适合的调查研究方法，并设计调查方案，与小组成员一起开展调查活动。

同学们首先要设计好自己的方案，如果选择问卷调查法应该事先设计好调查问卷，再进行调查。在调查过程中还可以根据实际情况增减、更换调查项目，或者独立设计新的调查表展开调查活动。也可以选择其他调查研究方法进行调查，并将调查设计方案写出来。

调查设计方案

调查人员：__________　　调查时间：__________

社区名称：__________　　社区地址：__________

具体调查方案或问卷设计：

请同学们根据调查得来的实验数据，画出统计图。

综合上述调查，我发现：______________________________

____

____

在调查中，你们一定发现了家庭用电量之大，这仅仅是你们所居住的小区的家庭用电量，全世界有成千上万个家庭要用电，我想我们必须要行动起来，一起节约能源！

你知道能效电厂吗？你对它有了解吗？

请你查阅相关资料对能效电厂进行概括。

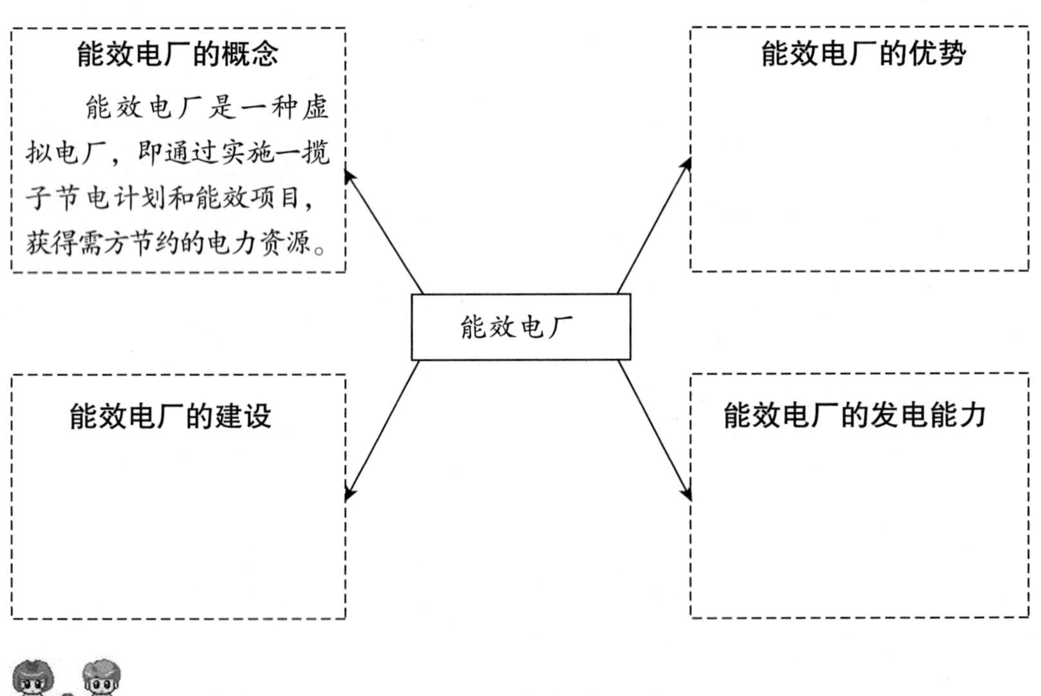

创意设计

风电制氢，就是将风力发出的电直接通过水电解制氢设备将电能转化为氢气。利用大规模的风电进行电解水制氢，不仅可以减少化石能源消耗，降低污染物排放，提升电网消纳能力，而且可以实现风电与煤化工、石油化工的多联产。风电制氢将提高风能的利用率。根据专业人士的解释，风力发电机发出的风电只需进行简单的变压、整流处理，将电压通过变压器调整到所需电压、将交流电整流为直流电即可制氢。如果采用风电制氢的模式，风能的利用率也可得到有效提高。而且，风电制氢可以带来环境效益。

你了解风电制氢吗？你知道这项技术吗？这是未来能源发展方向吗？这对未来能源的发展有什么新的启示呢？我们先来简单了解一下吧！

我的思考：

氢气是一种燃烧热值高、二氧化碳零排放的二次能源，每千克氢气燃烧产生的热量，大约是汽油的 3 倍，酒精的 3.9 倍，焦炭的 4.5 倍，燃烧产物是水，是一种非常环保的清洁能源。燃料电池是一种将燃料如氢、酒精、汽油、甲烷等转化为电力的装置。因此，以氢作为原料的燃料电池产生电力而不造成任何污染，水是其唯一的副产物。

自制氢燃料电池

氢燃料电池使用于航天器和其他高科技应用领域，在这些领域，清洁、高效的能源是必要的。

实验材料：

镀镍铂丝，或纯铂丝；一根冰棒棍，或一小块木条或塑料；一个 9V 的电池夹；一个 9V 电池；一些透明胶带；一杯水；一个电压表。

制作步骤：

①将镀镍铂丝剪成 6 英寸的两节，然后把它们缠绕成螺旋弹簧状，它们将作为燃料电池的电极。
②将电池夹的引线切成两半，去掉尾端的绝缘胶。然后，如图所示，将剥去绝缘胶的引线缠绕在镀镍铂丝电极上。这样，电池夹连接到了电极上，另外两根线将与电压表相连。
③将电极固定在冰棒棍上，然后将冰棒棍固定在杯子上，使电极垂悬于水中，而且几乎将整个电极淹没，电极与电线的接头处不能浸入水中。现在将红色的线连到电压表的正极，黑色的线连到负极。这时电压表的读数是 0，尽管可能有微弱的电压产生，如 0.01V。
④将 9V 电池与电池夹子接触一下，不用固定。电池与夹子接触，使水中的两个电极上出现了氢气和氧气，这个过程被称为电解。当电池接上后，你就可以看到镀镍铂丝电极上的泡泡了。
⑤现在拿开电池，如果我们用的不是镀镍铂丝，我们将看到电压表的读数仍然为 0，因为电路并没有连通。

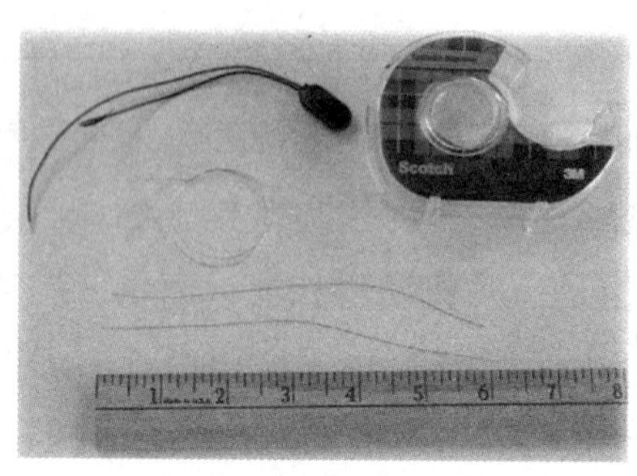

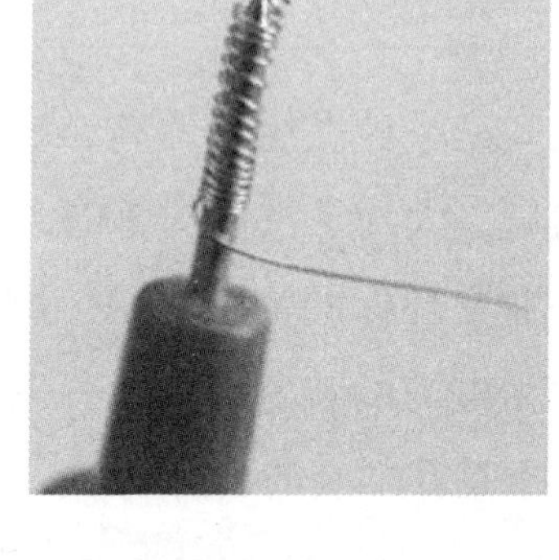

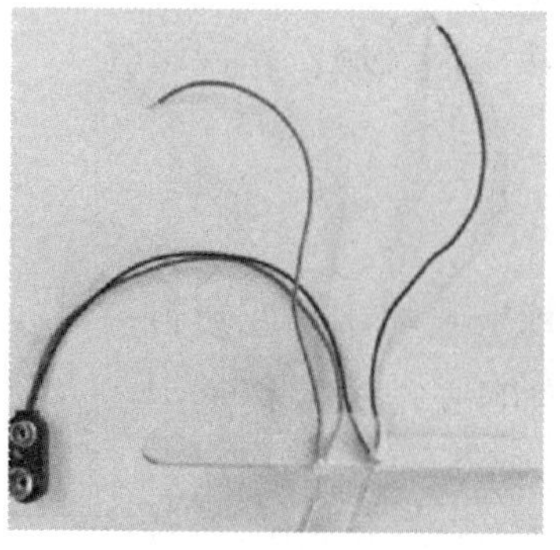

活动记录：

我的发现：

氢燃料电池汽车的主要优势是可以在10分钟之内加满氢气，能续航300英里。相较于通常的电动汽车充电，具有速度快、效率高、对电池不产生伤害的特点。

你了解能源互联网吗？

查阅相关资料并进行总结，我认为：

能源互联网是：

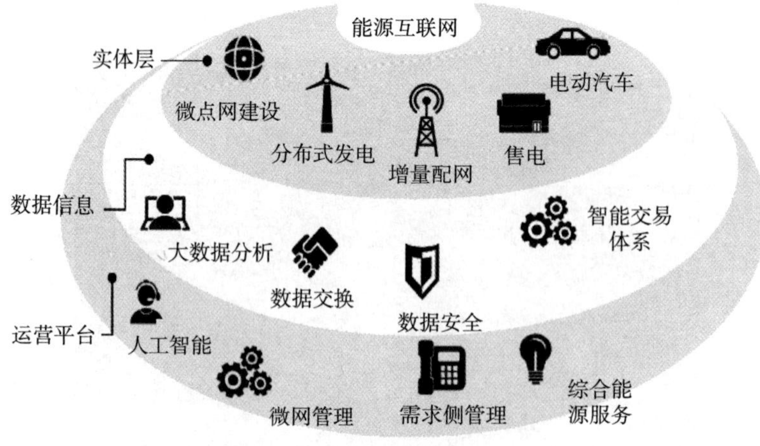

能源互联网示意

能源是现代社会赖以生存和发展的基础。为了应对能源危机，各国积极研究新能源技术，特别是太阳能、风能、生物质能等可再生能源。可再生能源具有取之不竭、清洁环保等特点，受到世界各国的高度重视。可再生能源存在地理上分散、生产不连续、随机性、波动性和不可控等特点，传统电力网络的集中统一管理方式，难以适应可再生能源大规模利用的要求。对于可再生能源的有效利用方式是分布式的“就地收集，就地存储，就地使用”。

城市是世界主要的经济活动与能源消费场所，城市能源消耗已达全球总量的 80%。当前我国城市能源发展面临的需求巨大、资源匮乏、污染严重、协调不足等问题日趋严峻，构建城市能源互联网已成为保障我国经济与社会发展的战略需要，实现更大范围的城市能源资源配置，实现城市能源清洁化、电气化、智能化和互联网化转型升级已经迫在眉睫。

未来城市能源资源配置

①根据未来环境与城市的需求变化，我们可能用到的能源有：

②用文字描述你想象中的未来城市能源利用状态（200 字以内）：

展示交流

通过上述的分析我们知道人们对于未来能源仍在不断的发掘和研究，请你对“发现未来能源”这一主题进行“头脑风暴”。

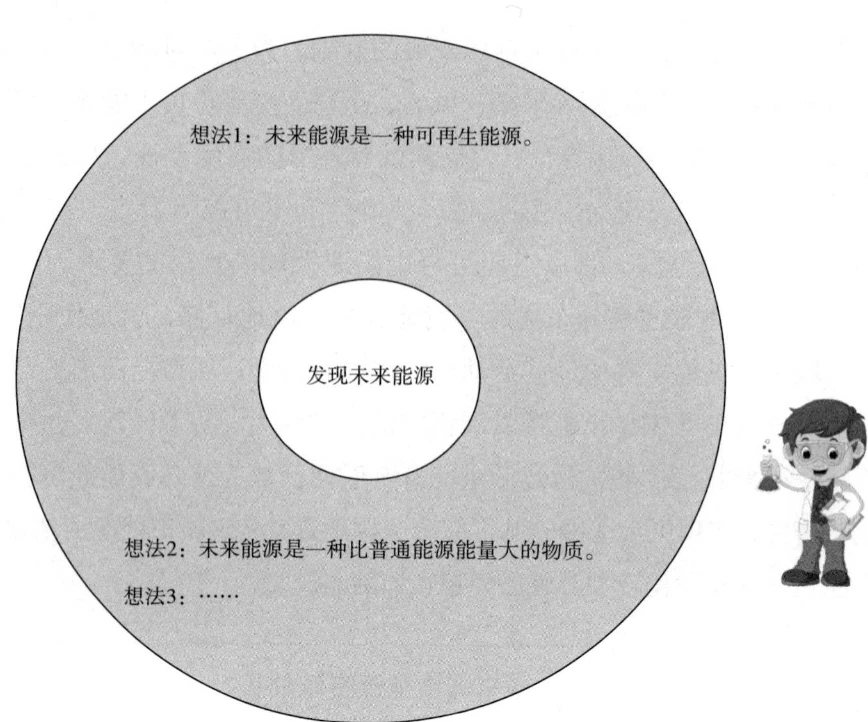

经过刚刚的“头脑风暴”，相信你对未来能源有了更多的想法，请整理你的想法，筛选一个你最想要说明的未来能源，通过查阅资料，写一篇有关于它的介绍。

我发现的未来能源：

相信同学们对自己的创意写作一定很满意，想不想将自己的文字作品展示出来呢？快看，有一些同学已经将他们的文字作品变成生动的图画了！

未来能源的交通工具，上天、入地、下海无所不能。

开采海底能源，建造海底城市。

看到这些小伙伴的作品，你是不是也想将自己的想法展示给大家呢？请你们以小组为单位做个小型展示会，将你们对未来能源的想法汇总一下，并做集体展示。

我们的展示方案：

我们的 Logo 设计	
我们的海报设计	
我们的展台设计	
我们的展台布置所需要的物品	
我们的展示感言	

社会服务

我们对“未来能源”创想的写作和画作，是否能真的实现呢？我们应该将创想拿给专家老师看，让他们为我们解答，相信我们可以从专家老师那里学习到更多关于未来能源的知识。以下两个能源机构都拥有众多的权威专家。

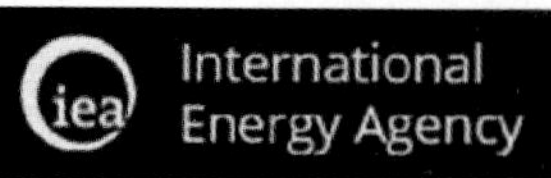

国际能源署是由经济合作发展组织为应对能源危机于 1974 年 11 月设立的一个政府间组织，总部设于法国巴黎。国际能源署致力于预防石油供给的异动，同时亦提供国际石油市场及其他能源领域的统计情报。

CERS 中国能源研究会 China Energy Research Society

中国能源研究会成立于 1981 年 1 月，是由中国能源科技与管理工作者和能源领域的企事业单位组成的学术团体，是中国科学技术协会的组成部分；2014 年，研究会成为国家能源局第一批 16 家研究咨询基地之一。

这些机构的专家可以为大家解答心中的疑惑，当然还有许多其他合适的机构可以为我们解答关于未来能源发展的问题。同学们可以通过网络进行查阅，找到相应的机构，将自己的创想写作和画作发给这些机构的专家，请他们提出建议，以便让我们的创意更富有科学依据。

那么如何将自己的创想写作和画作更好地推荐给这些可以给予帮助和支持的机构呢？请大家一起讨论：为我们自己代言，并为我们的创作设计推荐书。

我的“未来能源”创作推荐书

推荐部门或组织	
我的创作背景	
推荐的理由	
推荐的口号或宣传语	

图书在版编目(CIP)数据

清洁能源教育 STEAM 课程 / 史枫，王巧玲，路加主编. -- 北京：社会科学文献出版社，2021.1
ISBN 978 - 7 - 5201 - 5990 - 6

Ⅰ.①清… Ⅱ.①史… ②王… ③路… Ⅲ.①无污染能源 - 小学 - 教学参考资料 Ⅳ.①G624.63

中国版本图书馆 CIP 数据核字(2020)第 011547 号

清洁能源教育 STEAM 课程

主　　编 / 史　枫　王巧玲　路　加

出 版 人 / 王利民
组稿编辑 / 恽　薇
责任编辑 / 陈凤玲

出　　版 / 社会科学文献出版社（010）59367226
地址：北京市北三环中路甲 29 号院华龙大厦　邮编：100029
网址：www.ssap.com.cn
发　　行 / 市场营销中心（010）59367081　59367083
印　　装 / 三河市东方印刷有限公司

规　　格 / 开 本：787mm × 1092mm　1/16
印 张：11　字 数：171 千字
版　　次 / 2021 年 1 月第 1 版　2021 年 1 月第 1 次印刷
书　　号 / ISBN 978 - 7 - 5201 - 5990 - 6
定　　价 / 69.00 元